KB129896

속임수의 심리학

눈에 보이는 것이 전부는 아니다!

김영헌 지음

웅진지식하우스

들어가는 말

내가 산 반값 할인 패딩은 정말 반값이었을까?

겨울용 패딩을 구입하려고 했는데, 마침 신문에 딸려 온 백화점 전단에 평소 사고 싶던 Y 브랜드의 옷을 50%나 세일한다는 광고가 실려 있었다. 급한 마음에 서둘러 백화점에 가니 해당 브랜드 매장은 광고를 보고 온 사람들로 가득했다. 망설이면 원하는 옷이 다 팔릴 것 같았다. 광고에서 본 대로 패딩 가격은 정상가에서 50% 할인한 금액으로 표시되어 있었다. 특별히 싸게 살 수 있다는 생각에 바로 구입했다. 이후 패딩을 입을 때마다 싼값에 잘 샀다고 생각했다.

50% 세일의 진실은 어떨까? 25년 전쯤으로 거슬러 올라가 보자. 당시 백화점에서는 상품 가격을 두 배 올려 표시한 뒤 절반 값으로 세일하는, 이른바 '변칙 세일'이 관행이었다. 실제로는 제값에 판매했지만, 고객이 세일하는 것처럼 느끼도록 속인 것이다. 일부 백화점만의 일이 아니었다. 모든 백화점이 같은 방법을 썼다. 속임수는 행정 당국에 적발되었고, 한 시민 단체가 사기죄로 백화점을 검찰에 고소하면서 일반인들에게 널리 알려졌다. 그리고 3년간의 법적 공방 끝에 대법원은 최종적으로 사기죄에 해당한다는 판결을 내렸다[1].

사람들은 부르는 게 값인 시골 장터나 전통 시장도 아닌, 정찰제로 운영하는 백화점이 이런 일을 벌였을 것이라고는 상상도 하지 못했다. 속임수는 너무나 교묘해 우리를 쉽게 착각에 빠뜨린다. 사건 이후 백화점에서는 같은 방법의 속임수가 사라졌다. 하지만 이 수법은 다른 곳으로 퍼져나갔다. 예를 들어 일부 아웃렛에서는 백화점에서 판매한 적 없는 아웃렛 전용 제품을 백화점 판매용과 동일한 제품이라고, 백화점 가격에서 50% 세일한다고 유혹하고 있다. 역사적으로 성공한 속임수는 쉽게 사라지지 않고 새로운 대상을 노리게 마련이다.

속임수의 본질을 알아야 속지 않는다

속임수는 우리를 착각에 빠뜨린다. 모든 착각이 나쁜 것만은 아니다. 소개팅에서 상대가 마음에 들지 않더라도 사람들은 예의상 "오늘 만나서 즐거웠어요", "다음에 또 연락드리겠습니다"라고 말한다. 그러면 상대는 '진짜 즐거웠구나. 다음에 연락하겠지'라는 기분 좋은 착각에 잠시나마 빠진다.

하지만 어떤 착각은 기분이 좋고 나쁨을 넘어 우리를 곤경에 빠뜨린다. 상대의 돈을 빼앗기 위해 만든 착각이 대표적이다. 대개는 돈을 잃는 순간 속임수임을 깨닫고 금방 헤어 나온다. 하지만 어떤 속임수는 사람을 평생 착각에 빠뜨린다. 사이비 종교가 대표적이다. 한번 빠지면 부모 형제나 친구들이 아무리 설득해도 거기서 빠져나오지 못한다. 결국 주변 사람들과 점점 멀어지면서 자신만의 세상에 갇힌다. 문제는 이런 위험한 착각이 너 나 할 것 없이 무작위로 우리 주변에서 벌어지고 있다는 사실이다.

속임수는 부유하건 가난하건 대상을 가리지 않는다. 검찰에 온 사기 피해자들이 자주 하는 말이 있다.

"왜 하필 나야?"

이 말에는 '왜 가진 것도 별반 없는 나에게 이런 불행이 찾아오는가'라는 의미가 담겨 있다. 실제로 피해자 중에는 경제적으로 여유가 없는 사람들이 많다. 돈 때문에 불안한 상태에서는 지인이 고수익을 얻을 좋은 투자처가 있다고 하면 쉽게 믿고 돈을 맡길 가능성이 높다.

속임수는 나이도 가리지 않는다. 금융감독원의 발표에 따르면 2017년 보이스 피싱 사기 피해자 중 31%는 20~30대였다. 불황에 일자리를 간절히 원하는 젊은이들을 대상으로 한 취업 알선 사기가 만연한 탓이다. 그나마 젊은 시절에는 사기를 당하더라도 몸과 마음에 난 상처의 비교적 쉽게 치유할 수 있다. 나이가 들수록 사기로 인한 상처의 회복력이 더뎌서 심지어 죽음에까지 이르게 만들기도 한다. 언뜻 생각하면 연륜 있는 장·노년층은 쉽게 속지 않을 것 같지만, 현실은 그렇지 않다. 2014년 한국금융투자자보호재단이 발표한 '2014년 우리나라 금융 사기 피해 현황' 설문 조사를 보면 50~60대 피해자가 가장 많았다.

학력이 낮거나 세상 물정을 모르는 사람만 속임수에 걸려들 것 같지만 꼭 그렇지도 않다. 최근 교사, 의사, 약사, 기자 등 고학력 전문직 종사자가 보이스 피싱에 속아 돈을 송금한 사례가 제법 있다. 인천지방경찰청 관계자의 말을 인용한 신문 기사에 따르면, 인천 지역 보이스피싱 피해자 중 의사, 약사, 간호사 등 보건 의료업 전문직 종사자가 약 6%를 넘는다고 한다. 심지어 최근 금융 관련 법이나 규정을 잘 아는 변호사, 금융회사 직원마저 피해를 본 사례도 있었다. 특히 상대적으로 사회 경험이 적은 20~30대 전문직 종사자, 여성 전문직 종사자들의 피해가 많이 보고되고 있다.

속임수는 독감과 비슷하다. 특정 지역에서 유행하던 메르스가 교통수단의 발달로 전 세계에 동시다발로 발생하는 것처럼, 정보 통신이 발달하면서 적은 비용으로도 누군가를 '쉽고 빠르게' 속일 수 있는 시대가 됐다. 또 시간이 지날수록 '변종'이 나타난다는 점도 비슷하다. 매년 독감 예방주사를 맞아도 변종 바이러스가 생기면 안심할 수 없는 것처럼, 속임수 기법에도 다양한 변종이 존재한다. 지난 25년간 수사 현장에서 목격한 바로는 진화 속도 역시 빨라지고 있다.

하지만 독감과 달리 여러 속임수 기법에는 공통적으로 세 가지 심리가 있다. 바로 '욕망'과 '신뢰', 그리고 '불안'이다. 만약 우리가 이 세 가지 심리를 이용한 속임수의 기술을 제대로 알고 숙지한다면 수만 종의 사기와 속임수에 절대 걸려들지 않을 수 있을 것이다.

이 책의 1장에서는 한국 사회의 문화적 특성을 살펴보며 '잘 속을 수밖에 없는 이유'를 짚었다. 2장, 3장, 4장에서는 속임수가 악용하는 세 가지 심리를 자세히 살펴보며 이를 통해 사기꾼이 얼마나 교묘하게 피해자를 낚는지 낱낱이 파헤치고자 했다. 마지막 5장에서는 사기꾼의 정체나 속임수를 간파하는 노하우 등 일상에서 활용할 수 있는 지침을 담았다.

사기 피해자를 상대로 한 리처드 M. 티투스Richard M. Titus[2]의 연구에 따르면 피해자가 사기꾼에 대해 조사하면 할수록, 사기와 관련된 유사한 내용을 알면 알수록 속임수에 걸려들지 않는다고 한다. 세상이 변하는 속도와 폭만큼, 속임수 역시 더욱 교묘하고 복잡하게 변모하고 있다. 독자들이 스스로를 지키는 데 이 책이 도움이 되기를 바란다.

2018년 가을

김영헌

차 례

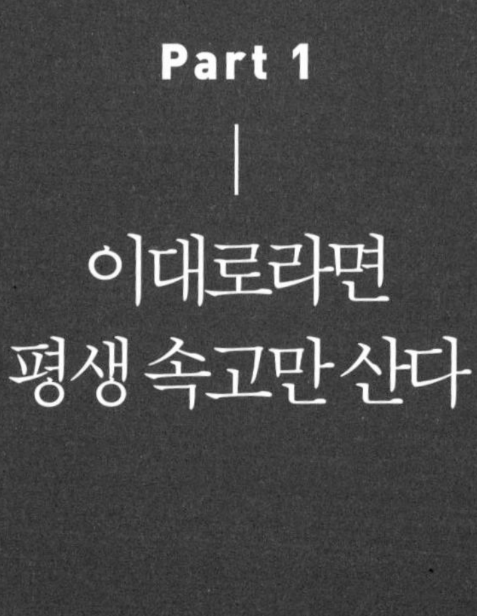

Part 1

이대로라면 평생 속고만 산다

대박을 꿈꾸는 사람들

매주 로또를 사는 친구가 있었다. 그의 로또 인생은 조상님이 꿈에 나타나면서 시작됐다. 외환 위기가 시작된 해 졸업한 친구는 취업 원서조차 제대로 쓰지 못한 채 비정규직으로 사회생활을 시작했다. 우여곡절 끝에 정규직으로 전환되었지만 월급은 넉넉하지 않았고, 평생 전셋집을 면하기 어려울 것 같았다.

비관적인 현실의 유일한 탈출구는 로또였다. 친구는 로또 최고 당첨금이 407억 원에 달한 2003년 무렵, 로또 명당 가게 앞에 줄을 섰을 때 느낀 흥분과 기대감을 잊을 수 없다고 했다. 흥분과 기대가 좋은 결과로 이어지지는 않았지만, 그래도 매주 로또를 구입하면서 느끼는 기대감을 인생의 활력소라고 말했다. 친구는 당첨 성적이 좋지 않자 로또 예측 서비스 업체에 가입하기도 했다. 매달 1만 원만 내면 과거 1등 한 당첨 번호를 분석해 다음 주 당첨 가능성이 높은 번호 10개를 문자로 보내준다는 것이다. 부질없는 짓이니 그만하라고 충고했지만, 가입자가 많아 곧 코스닥에 상장하려는 유명한 업체라면서 친구는 또 다른 희망에 부풀어 있었다.

한국인만큼 '대박'을 입에 달고 사는 사람들도 없을 것이다. 로또나 주식에 몰두하는 이도 많을뿐더러 일상적으로도 '놀랍다'는 뜻으로 '대~박!'이라는 단어를 쓰니 말이다. 오죽했으면 전직 대통령이 공식 기자회견에서 정책 기조를 발표하며 이 말을 썼을까. 그도 그럴 것이, 신문이나 TV에서 '돈벼락'이라는 말이나 '밑바닥 생활에서 벼락부자가 된 아이돌 스타' 등의 문구를 쉽게 접하다 보니, 일확천금을 '어쩌면 나에게도 일어날 수 있는 일'이라고 생각하기 쉽다.

한국이 원래 일확천금을 노리는 사회는 아니었다. 오히려 반대에 가까웠다. 과거만 하더라도 우리 사회에서 고용계약의 표준 모델은 일본식 연공서열제와 평생 고용제였다. 고등학교나 대학교를 갓 졸업한 젊은이를 낮은 임금으로 고용한 후 경력에 따라 연봉을 올려주는 방식이다. 오래 근무할수록 봉급을 많이 주는 연공서열식 봉급 체계는 동서양을 막론하고 노동자가 가장 선호하는 방식이기도 하다. 나이가 들수록 삶의 질에 대한 욕구가 커지고 건강과 자녀 양육 등 돈이 필요한 곳이 많아지기 때문이다.

연이어 높은 경제성장률을 기록하던 한국에서는 노동력이 부족했기 때문에 대학교를 졸업한 후 취직을 놓고 고민할 필요가 없었다. 이는 재테크도 마찬가지였다. 가장 효과적인 재테크는 직장 생활을 오래 하는 것이었다. 그 외에는 재형저축으로 상징되는 저축밖에 없었다. 개미처럼 열심히 오래 일하면 집도 사고 부를 쌓는 게 당연한 인생의 공식이었다.

하지만 1997년 닥친 외환 위기는 이러한 한국인의 상식을 바꿔놓았다. 많은 회사가 도산하는 바람에 대규모 실업 사태가 일어났다. 이전 사회에서 한 번도 경험하지 못한 대규모 실업 사태는 커다란 충격이었다. 나이가 들수록 윤택하고 안정된 생활을 할 수 있게 해주는 기반인 연공서열과 종신 고용제도 무너졌다. 실업률은 치솟았고 '이태백(20대 태반이 백수)', '삼팔선(38세 퇴직)', '사오정(45세 정년)', '오륙도(56세까지 일하면 도둑놈)'라는 용어가 생겨날 정도로 사람들은 불안해했다.

어디 그뿐인가. 낮은 경제성장률은 취업 문턱을 높였다. 아무리 학점이 좋아도 취직하기가 쉽지 않았다. 또 일단 취직했더라도 평생 한곳에서 직장 생활을 하는 것이 불가능해졌다. 그러자 젊을 때 돈을 왕창 벌어야 한다는 생각이 팽배했다.

시대의 흐름은 신문사 경제면의 확대로 이어졌다. 외환 위기가 발생한 1997년은 개인 컴퓨터 화면에서도 주식 전광판을 보고 거래할 수 있는 HTS Home Trading System가 처음 도입된 해이기도 하다. 언론 보도는 사람들의 관심과 더불어 선정적인 내용으로 바뀌어갔다. 재테크 기사를 봐도 주식과 보험 등 고위험·장기 투자 상품을 적극적으로 권유했다. 장하용 동국대 교수에 따르면 '투자 세 달 만에 50억 벌었다', '20~30대 증권 갑부', '부동산 광풍' 등의 기사가 재테크 섹션의 단골 머리기사가 되었다[3].

주식 기사의 용어 역시 좀 더 대담해졌다. '쌍끌이 장세', '대박' 등의 용어는 언젠가부터 자연스러운 것이 됐다. 이 분위기에 동참하지 못하면 바보처럼 느껴졌다. 직장 내 점심시간의 화두는 주식과 부동산이었다. 부동산 모델하우스는 사람들로 넘쳐났고, '누가 어느 종목에 투자해서 얼마를 벌었다'는 소식은 우리를 조급하게 만들었다.

“100만 원 내면 아파트를 드려요”

이런 대박을 놓치고 싶지 않은 심리를 가장 잘 이용한 속임수가 ‘선급금 사기’다. ‘얼마간의 돈을 미리 주면, 대가로 크게 보답하겠다’라는 속임수다. 선급금 사기가 성공하려면 미리 낸 돈에 비해 훨씬 많은 돈을 받을 수 있는 것처럼 착각하게 만들어야 한다. 바로 대박 심리를 이용하는 것이다. 그 때문인지 선급금 사기는 한국 사회에서 유난히 자주 볼 수 있는 수법이다.

> 편의점에서 아르바이트를 하는 휴학생 A씨는 손님이 없을 때 심심풀이 삼아 스마트폰으로 경품 이벤트에 응모했다. 스마트폰에서 경품 이벤트 정보를 주는 앱을 다운로드받아 응모했는데, 드물지만 가끔 몇 개씩 당첨되어 재미가 쏠쏠했다. 개인 정보를 제공하는 것이 좀 꺼림칙하긴 했지만, 카드사나 인터넷 쇼핑몰 등 개인 정보가 유출되지 않은 곳이 없으니 이 정도쯤이야, 하는 생각이 들었다. 그러던 어느 날, A씨는 백화점에서 주최하는 아파트 경품 이벤트에 당첨됐다는 전화를 받았다. 제세공과금 100만 원만 내면 아파트를 준다는 것이다. 유명 백화점에서 주최한 행사라는 소리에 A씨는 별다른 의심 없이 입금했다.

단돈 100만 원에 수억 원을 호가하는 아파트 경품을 준다니, 누가 들어도 눈이 휘둥그레질 이야기다. 경품을 응모할 때 '제세 공과금은 당첨자가 부담합니다'라는 문구를 본 적이 있을 것이다. A씨는 경품에 당첨되었으니 세금을 내는 것이 당연하다고 여기고 별다른 의심을 하지 않았다. 거액의 경품 행사에 당첨됐다는 말은 사람을 쉽게 흥분시킨다. 설마 내가 당첨되었을까, 사기는 아닐까 하는 의심은 잠시, 빨리 세금을 내지 않으면 당첨이 취소될 수 있다는 말에 바로 송금 버튼을 누르게 되는 것이다.

사실 선급금 사기는 오랜 역사와 전통(?)이 있는 속임수다. 언제부터 시작되었는지 알 수는 없지만, 1800년대 후반 '스페인 죄수의 편지'를 시작으로 전 세계로 퍼져나갔다. 편지 내용은 다음과 같다.

> 저는 현재 스페인 감옥에 갇혀 있는 엄청난 재산을 가진 부자와 연락을 주고받는 사이입니다. 부자의 신분이 알려지면 큰일 나기 때문에 신분을 밝힐 수는 없습니다. 이 사람을 석방시키는 데 필요한 돈을 빌려주시면 석방 후 수십 배로 갚겠습니다.

이런 편지의 특징은 죄수의 자산이 엄청나며, 풀려나도록 먼저 도움을 주면 답례로 거액을 사례하겠다고 암시한다는 점이다. 그러면서 크게 부담스럽지 않은 금액을 보내달라고 요청한다. 피해자는 가능성은 낮지만 성사만 된다면 자기가 들인 돈의 수십 배나 되는 이득을 챙길 수 있다는 생각에 돈을 보낸다. 이 정도쯤이야, 하면서 말이다. 하지만 일단 미끼에 걸려들면 사기꾼이 상대를 요리하기는 한층 쉬워진다. 사기꾼은 이제 다른 핑계를 대면서 돈을 더 보내달라고 한다.

스페인 죄수의 편지는 시대가 바뀜에 따라 변형을 거듭하면서 명맥을 유지하다가 1970년대에 나이지리아인들에 의해 다시 확산된다. 나이지리아는 1960년 영국에서 독립한 뒤 풍부한 천연자원으로 세계의 주목을 받았다. 하지만 연이은 부패 사건과 정치 실패로 국민들은 빈곤에 빠졌고, 그 탈출구로 세계인을 상대로 사기를 쳤다. 1970년대에는 우편, 1980년대에는 팩스, 1990년대 이후에는 이메일을 통해 무차별적으로 선급금 사기 편지를 발송했다. 보이스 피싱의 원조인 셈이다.

한국에서도 선급금 사기는 기본 골격을 유지한 채 국내 실정에 맞게 변형되거나 발전해왔다. 해외에서 우편 화물이 왔다며 운송비나 통관비 조로 돈을 뜯어내기도 하고, 대출이 어려운 사람에게 신용 조회 명목으로 돈을 먼저 입금하면 대출해주겠다는 식으로 사람들을 속였다. 심지어 미래를 예측한다는 무속인을 속인 경우도 있다. 한 여자가 무속인을 찾아와 사고로 숨진 아들의 보험금으로 2,000만 원짜리 천도제를 지내겠다고 했다. 그러면서 지금 당장 합의금이 필요하니 100만 원을 빌려달라고 했다. 그러면 나중에 100만 원도 갚고 천도제도 지내겠다는 것이었다. 하지만 이 여자는 무속인이 돈을 빌려주자마자 연락을 끊었다.

흥미로운 사실은 세대별로 잘 먹히는 이야기가 있다는 것이다. 경품은 남녀노소 상관없이 잘 먹히는데, 특히 젊은 층이 이 속임수에 잘 속는다. 반면 장년과 노인층은 정권의 비자금 이야기에 잘 걸려든다. 사기꾼은 자신을 전직 대통령의 특별보좌관이라고 속인다. 그러면서 현재 거액의 정치 비자금이 해외에 분산 예치되어 있는데, 문제가 있어 쓸 수 없다는 거짓말을 한다. 만약 변호사 비용 등 도움을 준다면 엄청난 비자금을 나누겠다고 약속하면서 상대에게서 돈을 뜯어낸다.

지난 20여 년 동안 서울 명동 사채 시장과 종로·강남·여의도 등지에서는 정권 비자금을 구실 삼은 사기 행각이 인기를 끌어왔고, 현재도 진행중이다. 아직도 이런 속임수에 넘어가는 경우가 많은 것을 보면, 오래된 속임수라고 해서 사람들이 경각심을 갖는 것은 아닌 듯하다.

허황된 대박을 꿈꾸는 사람은 상대의 솔깃한 제안을 쉽게 믿는 경향이 있다. 그리고 그들의 허무맹랑한 이야기에 속절없이 당하곤 한다. 당첨됐다는 말을 듣거나, 큰돈을 벌게 해준다면서 먼저 일정 금액을 요구한다면 선급금 사기일 가능성이 매우 높다. 선급금 사기 형태를 알고 솔깃한 제안에도 쉽게 흥분하지 않는다면 이 같은 속임수에서 자신을 지킬 수 있을 것이다.

뉴턴도 쫄딱 망하게 한 '묻지 마' 투자

1981년 교복 자율화가 시행되면서 캐주얼화 붐이 일었다. 그 유행을 이끈 것이 바로 스포츠 브랜드 '나이키'다. 일반 운동화의 4~6배에 달하는 나이키 운동화 가격은 부모에게 부담을 줬다. 너무 비싸고 과소비를 조장한다는 이유로 일부 학교에서 나이키를 비롯해 고급 스포츠화 착용을 금지했을 정도다.

그로부터 약 30년이 지나 나이키의 자리는 노스페이스라는 등산용 점퍼가 차지했다. 그전과 다른 점이 있다면 나이키는 모델이나 가격대에 상관없이 같은 브랜드 제품이면 동일한 취급을 받았던 데 비해, 노스페이스는 모델에 따라 다른 취급을 받는다는 것이었다. '등골 브레이커', 즉 부모에게 무리를 해서라도 비싼 모델을 사달라고 조르는 청소년이 늘어났다. 비싼 브랜드 제품을 사달라고 하면서 부모의 등골을 빼먹는다는 의미에서 만든 말이다. 하지만 이게 끝이 아니었다. 노스페이스를 향한 관심은 다시 100만~200만 원대의 방한 점퍼인 몽클레어, 캐나다구스, 그리고 롱패딩으로 이동해 또 다른 유행을 만들어냈다.

인간이라면 누구나 집단의 일원이 되고자 하는 욕망을 가지고 있다. 마이클 모부신Michael Mauboussin 컬럼비아대학교 교수는, 인간은 집단 안에 있으면 안정감을 느끼고 의사 결정도 단순해진다고 말한다. 설령 집단의 의사 결정이 틀리더라도 혼자 틀리는 것보다는 다수가 틀리는 것이 낫기 때문이다[4]. 이런 성향은 자연의 위협 아래 생존하기 위해 집단적 대처를 했던 우리 조상의 생활상을 떠올려보면 금방 이해할 수 있다. 사람들은 생존하기 위해, 외톨이가 되지 않기 위해 집단 내 타인의 의견을 존중하고 맞추어 살았을 것이다. 그래서 많은 이들이 다수의 행동을 기준으로 판단하고 그것을 따르는 것을 선호했다. 이를 '양 떼 효과'라고 부른다. 뒤처지지 않기 위해 앞선 무리를 따라가는 양의 행동 특성에 비유한 말이다.

양 떼 효과는 청소년기에 더욱 극심하게 나타난다. 집단에서 떨어져 외톨이가 된 왕따가 자살할 확률이 높아지는 시기도 바로 이때다. 홀로 된다는 것은 마음의 고통뿐 아니라 신체적 고통으로도 이어진다. 따돌림을 받으면 뇌에서 물리적인 고통을 느낄 때와 동일한 부위가 활성화되기 때문이다.

그런데 홀로 되었을 때 겪는 고통은 청소년기에만 나타나는 것은 아니다. 성인도 마찬가지다. 수사 현장에서 어느 날 갑자기 구속되어 가족과 사회에서 고립된 사람들을 종종 보게 된다. 정도의 차이가 있을 뿐, 많은 이들이 엄청난 고통을 호소한다. 갑작스러운 고립은 인간을 괴롭게 만든다.

무작정 남을 따라 하는 것처럼 보이기도 하지만, 양 떼 효과는 나름 긍정적인 역할을 한다. 우선 의사 결정에 유용한 정보를 제공한다. 인기 있는 브랜드 제품을 선택하거나 베스트셀러 도서를 구매하는 심리도 집단의 구성원이 되려는 심리와 같다. 실제 잘 모르는 영역에서 양 떼 효과를 이용하면 최소한 잘못된 구매를 하지 않을 가능성이 높다.

이런 심리는 비즈니스에도 자주 활용된다. 세계 최대의 검색 엔진 구글은 검색 방법에 양 떼 효과를 이용했다. 구글은 새로운 검색 엔진을 만들 때 논문 인용에서 힌트를 얻었다. 자주 인용된 논문일수록 유용하고 신뢰도가 높을 가능성이 많다. 인터넷상 정보를 가지고 있는 페이지도 마찬가지다. 접속 횟수가 많고 연결(링크)이 많이 된 페이지일수록 유용하고 신뢰도가 높다고 생각했다. 그래서 검색할 때 이들 페이지가 상위에 보이도록 했고, 그 결과는 대성공이었다.

양 떼 효과를 이용한 속임수

양 떼 효과는 사람들을 쉽게 착각에 빠뜨리기도 한다. 만유인력의 법칙을 발견하고 세 가지 운동 법칙을 저술한 천재 수학자이자 물리학자인 아이작 뉴턴도 예외는 아니었다. 1720년, 뉴턴은 그의 나이 77세에 남미 지역의 독점 무역권을 가진 사우스 시The South Sea Company라는 회사에 7,000파운드를 투자했다. 그리고 투자액의 몇 배에 달하는 이익을 거두어 '투자의 달인'이라는 명성을 얻었다.

문제는 이 주식이 뉴턴이 판 다음에도 계속 올랐다는 점이다. 실제 사우스 시의 매출은 변변치 않았고, 사업 분야도 불분명했다. 하지만 전망이 좋을 것이라는 그럴듯한 소문이 대중뿐 아니라 뉴턴의 눈도 멀게 했다. 주가가 계속 오르자 성급하게 주식을 처분했다고 판단한 뉴턴은 이내 사우스 시 주식을 다시 사들였다. 이른바 '묻지 마' 투자였다. 이후 1720년 8월, 사우스 시 회장을 포함한 회사 간부들이 보유한 주식을 매각했다는 소식이 들려오자 주가는 곤두박질치기 시작했다. 결국 뉴턴은 전 재산에 가까운 2만 파운드를 날렸다. 이 일로 뉴턴은 이런 명언을 남겼다.

"나는 천체의 움직임은 계산할 수 있어도 사람들의 광기는 계산할 수 없었다."

좁은 국토에 단일민족이 몰려 있는 우리 사회에서 양 떼 효과의 위력은 대단하다. 예를 들어 인터넷 오픈 마켓에서 일상이 되어버린 소셜커머스를 살펴보자. 소셜커머스란 광고를 통해 일정 규모 이상의 사람이 모이면 할인된 가격으로 서비스 이용 쿠폰이나 상품을 구매할 수 있는 거래다. 정해진 시간 내에 일정 규모 이상의 인원수에 도달하지 못하면 구매는 자동으로 취소된다.

사람들은 인기가 많은지 여부를 보고 제품을 판단하기 때문에 사업자들은 인기가 없는 제품도 인기가 높은 것처럼 속였다. 한 업체는 상품 안내 페이지에 현재 구매자 수를 표시하면서 실제 구매자 수가 아닌 훨씬 많은 수를 표시했다. 실제 2명이 구매한 제품도 52명이 구매한 것처럼, 실제 구매자가 없는 제품도 30명이 구매한 것처럼 과장했다[5].

뿐만 아니라 한 인터넷 판매자는 부정적인 댓글은 지우고 직원들끼리 돌아가면서 좋은 댓글을 달도록 해 마치 인기 있는 상품처럼 조작하기도 했다. 다들 인터넷으로 검색한 맛집이나

TV 맛집을 찾아가 먹어보고 실망한 기억이 있을 것이다. 대부분 이런 사실을 알고 있지만 '혹시나', '설마', '이번은 다를 거야'라는 생각에 또다시 속는다.

사회적 동물인 인간이 홀로 사는 것은 불가능하다. 의사 결정을 할 때마다 다수의 선택을 무시하고 독자적으로 판단을 내리기도 쉽지 않은 일이다. 다른 사람의 생각이나 선호를 따르면 후회를 적게 하는 장점도 있다. 나만 잘못된 게 아니라는 생각이 들기 때문이다. 하지만 항상 다수의 생각이 맞는 것은 아니다. 히틀러 같은 잘못된 리더 때문에 다수의 의견이 쉽게 조작되어 극단으로 치달은 적도 많았다. 다수의 생각과 선호는 쉽게 조작될 수 있다. 특히 사이버 세상에서는 더 쉽다. 지금도 수많은 성형외과와 주식 사이트에서는 자동 글쓰기 프로그램을 이용하거나 마케팅업체에 의뢰해 인기를 조작하고 있다.

인생에서 큰 결정을 내릴 때는 좀 더 신중해야 한다. 사전에 올바른 정보를 파악하고 원칙을 세워야 한다. 원칙 있는 결정이야말로 정보가 파도처럼 밀려드는 시류에서 나 자신을 지키는 열쇠가 된다. 파도에 휩쓸리면 원칙을 세우기조차 어려워진다. 세계적인 천재 뉴턴조차 당하지 않았는가? 만약 뉴턴이 주식을 사기 전에 투자에 대한 중요 원칙을 세웠더라면 광기에 쉽게 휩쓸리지 않았을 것이다.

‘좋은 사람’ 일수록 잘 속는 세상

“설마 30년 죽마고우인 친구가 나에게 사기 칠 줄은 몰랐습니다.”

드라마 속 대사가 아니다. 친구 때문에 전 재산을 날린 피해자가 검찰청에 와서 한 말이다. 수사를 하면서 발견한 흥미로운 사실이 하나 있다. 사기 사건에서 가해자와 피해자가 전혀 모르는 남이 아니라 서로 잘 아는 사이인 경우가 대부분이라는 점이다.

한국 사회에서 ‘아는 사람’의 위력은 대단하다. ‘아는 사람’에 대한 맹목적인 믿음과 의존은 오랜 기간 농업, 특히 쌀농사를 주산업으로 했던 나라에서 많이 나타나는 현상이다. 쌀농사를 짓기 위해서는 이웃의 도움이 필요한 경우가 많았다. 이런 환경은 '상부상조'라는 협동 정신을 낳았다. 집단의 가치를 중시하는 성향은 언어에서도 잘 나타난다. 한국인들은 '우리 회사', '우리 학교', '우리 가족' 등 '우리'라는 용어를 자주 사용한다. 대화하다 보면 '우리끼리니까 말하지만'이라는 표현을 쉽게 들을 수 있다.

'우리 편'이 되면 합리성이나 사회정의, 공공성의 논리는 약해지고 감정과 의리의 논리가 강해진다[6]. '우리 대 그들'이라는 개념을 활용하면서 우리끼리는 믿고 단결해야 한다고 생각한다. 이런 분위기에서 우리 편의 부탁을 거절하는 것은 의리 없는 행동이다. 의리 없는 사람으로 낙인찍힌다는 것은 무리에서 왕따가 된다는 뜻이다. 그렇기 때문에 심리적으로 친구나 친척, 지인 등의 부탁을 냉정하게 거절하기가 힘들다.

아는 사람끼리의 협력 범위는 일을 넘어 일상생활 전반으로 확대되었다. 돈도 마찬가지다. 서양에 비해 은행 등 공적인 대출기관이 늦게 발달한 우리나라에서는 전통적으로 개인 간의 돈거래가 많았다. 특히 '계'라는 상호부조 제도는 금융기관이 발달한 지금도 계속 존재할 정도로 뿌리가 깊다. 사람들은 대부분 계주의 신용만 믿고 곗돈을 붓는다.

문제는 계주가 곗돈을 들고 도망갈 경우 큰 피해가 예상되지만, 계주의 이런 행동을 견제하는 장치가 없다는 것이다. 과거 농경 사회에서는 삶의 근간인 토지를 버리고 도망친다는 것은 쉬운 일이 아니었기 때문에 계가 별 탈 없이 운용됐다. 하지만 사회구조가 변하면서 이동이 자유로워짐에 따라 계주가 곗돈을 가지고 도망갈 위험은 한층 높아졌다. 그럼에도 계 모임 형태나 운용 방식은 달라지지 않았다. 계원의 돈은 여전히 계주의 책임하에 관리된다.

견제 장치가 없다 보니 계주는 돈이 필요하면 공금인 곗돈에 손을 대고 싶은 유혹에 쉽게 빠진다. '잠깐 쓰고 다시 넣으면 되겠지'라고 생각하면서 자신의 행동을 합리화한다. 그렇게 계원들의 돈에 손을 대는 횟수가 많아지고 금액이 커지면서, 어느 순간 수습이 불가능해진다. 하지만 계원들은 이런 사정을 까맣게 모른다. 계주가 도망간 다음에야 문제가 발생했다는 것을 깨닫지만, 이미 늦은 경우가 대부분이다.

금융 사기가 이루어지는 과정도 비슷하다. 곗돈에서 계주의 개인 돈과 공금의 영역이 명확하지 않듯이, 투자자의 돈을 관리하는 회사와 투자를 하는 회사가 분리되지 않은 경우가 많다. 이럴 경우 투자에서 큰 손해가 발생하더라도 얼마든지 투자자에게 그 사실을 숨길 수 있다. 내부 견제 장치가 없다 보니 회사 책임자가 투자자의 돈을 마음대로 사용하는 일이 쉽게 발생한다.

연방 검사 출신으로 미국 증권거래위원회SEC 조사국장인 로버트 S. 쿠자미Robert S. Khuzami는 역사상 최대 피해액을 기록한 메도프 사기 사건 등 수많은 금융 사기 사건에 대해 이렇게 말한다.

"금융 사기는 그 자체만 보면 새롭고 복잡한 것이지만, 사실 이에 깔린 속임수나 이해 상충은 오래되고 단순한 수법이다."

2013년, 이동흡 당시 헌법재판소 소장 후보자는 과거 헌법재판관으로 재직하던 6년 동안 공금(특정 업무 경비) 3억 2,000만 원을 개인 계좌에 입금해 사용했다. 공금을 개인 돈과 구분하지 않을 경우 언제든 유용할 가능성이 높다는 점에서 결국 여론의 따가운 질타를 받으며 자진 사퇴했다.

의리남·의리녀가 더 잘 속는다

'감정과 의리'가 주로 작용하는 관계가 있다. 가족이나 친구 또는 동료와의 관계다. 이들에게 돈을 빌려줄 때는 어디에 쓸 돈인지, 언제쯤 갚을지 꼬치꼬치 캐묻지 않는 경우가 보통이다. 투자 명목으로 돈을 건네는 경우, 상대가 원래 용도대로 돈을 썼는지 감시하는 장치나 절차가 있어야 하지만, 그것을 묻거나 요구하는 사람은 거의 없다. 알아서 관리할 것으로 믿을 뿐이다.

실제로 빌린 돈을 갚지 않아 사기로 고소된 사람을 조사해보면 돈을 빌릴 당시 신용 불량자인 경우가 많았다. 받은 돈을 용도대로 사용하지 않고 자기 빚을 갚기 위해 '돌려 막기'를 한 것이다. 사람은 궁핍해지면 주변 사람을 생각할 여유가 사라진다. 오히려 '나중에 돈을 벌어 갚으면 되지' 하는 생각에 아는 사람, 가까운 사람까지 속이고 만다.

만약 당신이 깐깐한 사람이라면 어떨까? 주변에서 속이려는 시도조차 하지 않을 것이다. 돈의 용도나 사용처 등을 자세히 묻고, 계획대로 되지 않았을 경우 어떻게 갚을지 자세한 계획을 이야기해달라고 요구하면 상대는 그냥 물러날 가능성이 높다. 반면 남을 잘 믿는, 속칭 호인이라고 알려진 경우에는 주변 사람들의 먹잇감으로 전락할 가능성이 높다. 아무것도 묻지 않고 돈을 잘 빌려주기 때문이다.

이들 중 일부는 평상시 누구 하나 속인 적 없고 착하게 살았는데 왜 세상이 자꾸 자신을 속이는지 모르겠다고 세상을 원망한다. 냉정하게 말한다면 하늘이 아니라 자기 자신을 탓해야 한다. 커다란 구멍이 뚫려 침몰하는 난파선에 도움을 조금 준다고 해도, 침몰을 막기는 역부족이다. 단지 침몰 시간을 몇 분 지연시킬 뿐이다. 마찬가지로 신용 불량자 등 돈이 다급한 사람에게 인정에 이끌려 돈을 빌려준다고 해서 위기에서 벗어나는 것은 현실적으로 어려운 일이다. 단지 파산 시기를 조금 연장할 뿐이다. 돈을 꼭 빌려주어야 한다면 일부 자금을 생활비에 쓰라고 도와주는 쪽이 현명한 행동일 수도 있다.

그러니 타인에게 돈을 빌려준다면 원래 용도대로 사용했는지 확인할 방법, 상환 계획 등을 꼼꼼히 따져야 한다. 필요하면 상대에게 각종 자료를 요구하는 것도 좋다. 이것은 빌려준 사람이 주장해야 할 당연한 권리다. 만약 상대가 감정과 의리 운운하면서 거부하고 화를 낸다면 돈을 빌려주지 말아야 한다.

실제 돈이 오가지는 않지만, 나중에 엄청난 피해를 줄 수 있는 보증을 설 때도 신중해야 한다. 보증이란 돈을 빌린 사람이 돈을 갚지 않을 경우 보증인이 대신 갚아주는 제도다. 보증 제도의 부작용이 속출하면서 은행 등 제1금융권은 2008년 개인 연대보증을, 2012년에는 개인 사업자 연대보증을 폐지했다. 하지만 아직도 제2금융권에서는 보증을 요구한다. 그렇다 보니 친척이나 친구의 보증을 섰다가 망하는 경우가 종종 있다.

만약 아는 사람이 한 번은 돈을 빌려달라고 하고, 또 한 번은 금융기관에 보증을 서달라고 할 경우 당신은 어떤 선택을 할 것인가? 대부분 당장 자기 주머니에서 돈이 나가지 않는 보증을 선택하기 쉽다. 하지만 돈을 갚지 않는다면 양자 간의 차이는 없어진다. 예를 들어 1,000만 원을 친구에게 빌려준 경우 돈을 갚지 않으면 1,000만 원을 손해 본다. 만약 1,000만 원을 친구가 은행에서 빌릴 때 보증을 선 경우, 친구가 돈을 안 갚으면 역시 1,000만 원을 손해 보게 된다.

그러니 이제부터라도 보증을 서는 것과 돈을 빌려주는 것이 동일하다는 생각으로 신중에 신중을 기해야 한다. 특히 과거에는 가족이나 친척끼리 보증을 서는 경우가 많았다. 이럴 때 가족 중 한 명이라도 돈을 갚지 못하면 그 즉시 보증을 선 가족에게 채무가 넘어간다. 동시에 가족 구성원 대부분이 빈곤에 빠지고, 자식들도 신용 불량자가 되는 등 가족 전체가 추락하는 것은 시간문제다.

인간은 사회적 동물이고, 혼자서는 살 수 없다. 그러나 '의리'나 '애정'을 타인과의 모든 관계, 모든 상황에 동일하게 적용해야 하는 것은 아니다. 요즘처럼 어려운 때일수록 분별력을 갖춘 냉철한 의리가 필요하다.

잘나가고 싶은 당신, 누군가의 '먹이'가 될 수 있다

업무 시간 중에도 스마트폰이나 개인 컴퓨터로 주식 현황을 자주 확인하는 사람이 있다. 매일 아침 증권과 부동산 방송을 빠짐없이 보면서 해외의 각종 지표를 달달 외운다. 혹시 부동산이나 주식 쪽으로 잘 아는 사람이 있는지 주변 사람들에게 물어보기도 하고, 좋은 투자처가 있으면 자신도 끼워달라고 부탁한다.

큰돈을 벌고 싶은 욕구는 누구에게나 있다. 그 자체로는 비난받을 일이 아니다. 문제는 시류에 휩쓸려 '돈만' 좇는 사람이

지나치게 많다는 점이다. 왜일까? 일제강점기와 근대화를 거치면서 대부분의 사람들이 경제적으로 어려운 생활을 했다. 국가의 도움은 기대할 수 없었고 각자도생各自圖生, 즉 제각기 살아갈 방법을 모색했다. 그렇다 보니 '내가 먼저 살고 보자', '남보다 내가 잘되어야 한다'라는 생각이 하나의 문화로 정착했다.

이런 생각은 자아실현을 바라보는 시각에서도 찾아볼 수 있다. 문화심리학자인 최상진 전 중앙대학교 교수에 따르면, 서양에서 자아실현의 의미는 '남과 다른 나'다. 그 때문에 개성을 중시하고 존중한다. 반면 한국인에게 자아실현은 '남보다 나은 나'를 의미한다. 따라서 자아를 자기 자신의 고유한 개성보다는 사회적인 관계나 비교에서 찾는 경향을 보인다[7].

이런 경향은 아이를 키우는 부모들의 말에서 쉽게 찾을 수 있다. 바로 타인의 자식과 비교하는 부모의 말과 태도다. 어릴 때는 그런 부모님이 이해되지 않고 못 견디게 싫어하지만, 부모가 되고 나면 어느새 자식들에게 똑같은 말을 하는 것이 현실이다. '엄친아' 같은 용어가 유행했던 이유도 비교를 통해 자아를 찾고자 하는 한국인의 성향과 깊은 관련이 있다.

부모들은 남과 다른 고유한 특징을 키워주기보다는, 어떻게 해서든지 남을 이겨야 한다는 생각을 자녀에게 주입한다. 공부 잘하는 자녀를 둔 학부모와 어울리면서 최신 학원 정보를 얻고,

그들과 같은 집단에 끼려고 애쓴다. 그 때문에 부모의 과욕과 허영을 먹고 사는 사교육 시장이 발달했다. 2017년 통계청 자료에 따르면 우리나라 사교육 시장 규모는 18조 6,000억 원에 달한다. 이것으로 끝이 아니다. 취업은 물론 결혼도 남들보다 잘해야 한다. 또 손주들도 남보다 잘 키워야 한다. 남보다 낫다고 판단하는 척도는 과거에는 돈, 명예, 학력 등 다양한 지표로 분산되었지만, 지금은 돈이 유일한 척도가 되어가고 있다. 어디에 사는지, 무슨 차를 타는지가 성공의 기준이 된 셈이다.

한국인에게 동창회와 향우회 등 각종 모임은 자아를 찾는 장소다. 높은 지위나 좋은 차, 능력 있는 배우자, 뛰어난 자식을 자랑하면서 '남보다 나은 나'를 실현할 수 있다. 결혼식이나 장례식 때 얼마나 많은 손님들이 오는지, 누가 화환을 얼마나 보냈는지 역시 중요하다. 그런 것들이 사회적 지위를 상징하기 때문이다. 그래서 개중에는 자기 돈으로 자신의 행사에 남이 보낸 것처럼 화환을 보내기도 한다. 남보다 못하다고 생각하는 순간, 작아진 나를 발견하는 것이다.

이런 상황에서 사람들은 두 가지 중 하나를 선택한다. 첫째, 자발적인 고립이다. 다양한 핑계를 대고 모임에 나가지 않는다. 그럼으로써 남이 나보다 잘나간다는 소식에 귀를 닫는다. 둘째, 남들보다 잘나가기 위해 위험한 선택을 마다하지 않는다. 경쟁에서 승리하기 위해 수단보다는 목표에 중점을 둔다. 이런 사람들은 지인의 승진 소식이나 능력 있는 배우자와의 결혼 소식을 듣는 순간 초조함을 느낀다.

정도正道를 통해 남보다 앞서기 위해서는 많은 시간과 노력이 든다. 때로는 너무나 멀게 느껴져 불가능해 보이기까지 한다. 이쯤 되면 쉽고 빠른 방법으로 눈을 돌린다. 절차나 과정보다는 목표만 달성하면 된다는 생각에 지배된다. 사람들은 자기가 보고 싶은 것만 보는 경향이 있다. 이런 사람들에게 단기간에 큰돈을 번 이야기가 눈에 주로 들어오는 것은 당연하다. 이런 이야기만 들으면 쉽게 돈을 벌 수 있다는 착각에 빠진다. 이 같은 '머니게임'에서 실제로는 돈을 잃는 사람이 대부분이지만, 진짜 이야기는 사람들의 관심을 받지 못한다.

사기꾼은 미끼에 관심이 있는 상대를 금세 알아본다. 반응을 보이면 상대가 듣고 싶은 말을 해준다. 그 때문일까? 전체적인 범죄율로 보면 한국은 범죄율이 낮아 안전한 나라에 속하지만, 남을 속이고 돈을 빼앗는 사기 범죄는 세계 1위다. 남보다 높은 자리에 오르려는 욕망은 속임수에 쉽게 당하게 하는 것은 물론, 사기꾼을 낳는다. 사기는 더 이상 영화나 드라마, 뉴스나 신문 기사에만 나오는 일이 아니다. 중고품 직거래 사이트에서 거짓으로 물건을 싸게 판다는 글을 올린 다음 돈만 받고 유유히 사라지는 경우는 어느새 일상이 됐다. 불법 유턴을 하거나 중앙선을 침범하는 자동차에 일부러 부딪혀 보험금을 받아내기도 한다. 좀 더 판을 키워 재벌 2~3세 혹은 유명 펀드매니저라고 속이면서 좋은 정보가 있으니 투자하라고 권유한다.

내 가치를 비교하는 사회

얼마 전까지만 해도 인간의 비교 대상은 아는 사람에 한정됐다. 친척이나 가까운 이웃, 지인이 전부였다. 하지만 인터넷의 발달은 비교 대상을 무한대로 확장시켰다. 그뿐인가? 타인과의 비교도 가격 비교처럼 쉬워졌다.

이런 상황에서는 시기와 질투를 쉽게 느낄 수밖에 없다. 때로는 '남들은 저렇게 잘사는데 나는 왜 이것밖에 안 되나' 하는 열등감에 쉽게 사로잡히기도 한다. 그러면 부정적인 면만 보게 되고 자존감도 낮아진다. 이들에게 인생의 만족과 행복은 먼 나라 이야기처럼 들린다. 이런 사람들에게 인생의 주도권은 남에게 있다. 오로지 '남의 기준'에 따라 성공 여부를 판단하기 때문이다.

속임수도 마찬가지다. 욕심에 눈이 어두워 사기꾼의 미끼에 반응을 보이는 것은, 자신의 곳간 열쇠를 남에게 통째로 내주는 것과 같다. 남과 비교하지 않고 인생의 주도권을 자신이 갖는 것이야말로 행복한 삶의 토대다. 남과 다른 나만의 삶에 집중해야 주변의 성공 소식에 쉽게 불안해하지 않는다. 그래야만 사기꾼이 던진 미끼에서 자유로울 수 있다.

'속임수'와 '권력'이 만났을 때

1960~1980년대에는 경광등과 무전기 안테나를 단 차를 몰고 군 특수 수사 요원이나 중앙정보부 요원이라고 사칭한 사건을 흔히 볼 수 있었다. 사칭이란 이름이나 직업, 나이, 주소 따위를 거짓으로 속이는 것을 말한다. 이들은 장교 복장을 하고 본부와 무전 연락을 취하는 것처럼 속인 뒤 돈을 뜯어냈다. 이런 식의 사기가 하도 많아 정부에서 무단으로 경광등과 무전기 안테나를 단 자동차를 단속할 정도였다.

한국 사회에서 권력의 위력은 강하다. 조선 시대와 일제강점기, 군사정권 시기를 거치면서 계속된 정부 주도의 경제·사회 발전은 시민들에게 권력에 대한 두려움과 갈망을 함께 가져다주었다. 시대가 흘러 민주 사회가 되면서 경광등과 무전기 안테나에 쉽게 속지 않게 되었지만, 권력에 대한 사람들의 생각은 크게 바뀌지 않은 것 같다.

청와대는 아주 오랫동안 사기꾼들에게 효과적인 속임수 수단으로 사랑받아온(?) 기관이다. 김영삼 전 대통령 시절, 청와대 인사를 사칭한 사기 성공률이 92%에 달한다는 통계가 나왔을 정도다. 청와대 비서관을 사칭하는 사기꾼들은 이른바 힘 있는 부서인 '민정'이나 '사정' 부서 소속임을 과시한다. 물론 대통령의 친인척임을 강조할 때도 있다. 청와대 인사 사칭 사기는 지지율이 높은 정권 초기에 급증하다가 말기인 레임덕 기간에는 급감한다. 그만큼 사람들이 권력에 민감하다는 뜻이다.

요즘처럼 대부분의 정보가 공개된 사회에서는 인터넷이나 전화로 상대 신분을 금세 확인할 수 있다. 그렇기 때문에 사기꾼들은 누구나 쉽게 확인할 수 있는 신분은 피한다. 대신 은밀하고 비밀스러워 외부에서 확인하기 어려운 직업을 주로 선택한다. 청와대나 국정원 직원을 주로 사칭하는 이유도 외부에서 진위 여부를 확인하기 힘들기 때문이다.

물론 단순히 사칭만으로 상대가 쉽게 속는 것은 아니다. 사기꾼들은 한발 더 나아간다. 권력자와의 친분을 과시하는 식이다. 각종 모임에서 한 번 만났을 뿐이지만 아주 친한 사이인 것처럼 포장한다. 일부러 남들 보는 앞에서 전화를 하기도 한다.

"당신이 상상하는 것 이상으로 가까워."

"내가 그 양반 잘 알지."

사기꾼들은 때로는 사칭의 대상이 된 인물보다 더 자신 있는 태도를 보이기도 한다. 영어로 사기꾼을 'con man', 'con artist'라 하고 사기 행위를 'con game'이라고 한다. 이때 con은 confidence, 즉 자신감의 줄임말이다. 사기꾼은 자신만만한 사람이라는 뜻이다. 자신감 있는 태도는 상대를 쉽게 착각하게 만든다.

저한테 왜 이렇게 잘해주세요?

사기꾼은 처음 본 상대에게도 지나치게 잘해준다. 방금 만났는데도 형·동생 하면서 의리와 신의를 강조한다. 통 크게 돈도 잘 쓰고 선물도 곧잘 사준다. 어려운 일이 있으면 아는 사람을 동원해서 금세 해결해줄 수 있다고 하며, 애로 사항이 생겼을 때 연락하라고 말한다. 스스로를 '동정심 많고 지인을 잘 도와주는 사람'으로 포장한다. 사람들은 대개 많이 가지거나 능력이 있는 사람만이 남을 도와줄 수 있다고 생각하는데, 이런 심리를 노린 것이다.

자신만만하고 각종 어려움을 해결해주는 것처럼 보이기 위해서는 언변이 좋아야 한다. 전문 사기꾼은 범죄자 중에서도 고급 범죄자로 인식된다. 남을 속이고 의심을 피하기 위해서는 아는 것도 많고 임기응변에 능해야 하기 때문이다. 예전에 조사를 받던 한 피해자는 "사기꾼과 대질 조사를 해서 그 사람 이야기를 들으면 다시 믿을 것 같다"라며 같이 조사받는 것을 거부한 적도 있다.

그동안 수사하며 느낀 점은 사기꾼들은 변명을 참 잘한다는 사실이다. 약속한 투자 수익금을 주지 않는 이유를 물어보면 자기 잘못을 인정하지 않고 남 탓을 한다. 받은 돈을 다른 곳에 투자했는데, 그곳에 잠시 문제가 생겨 주지 못했다고 변명하는 식이다. 일단 돈을 건넨 다음에는 갑을 관계가 바뀐다. 돈을 빌린 사람이 갑이 되고, 빌려준 사람이 을이 된다. 빌려준 사람은 돈을 빨리 받고 싶은 마음에 사기꾼의 거짓 변명에 쉽게 속는다. 얼굴색 하나 변하지 않고 태연하게 이야기하는 것을 보며 더욱 진실이라고 믿는다.

펜실베이니아대학교 에이드리언 레인Adrian Raine 교수[8] 연구진은 거짓말을 통해 사기와 횡령 등 경제 관련 범죄를 저지르는 화이트칼라 범죄자의 뇌와 일반인의 뇌를 비교했다. 그 결과, 일반인에 비해 범죄자의 뇌는 목표를 위해 생각과 행동을 조율하면서 반응을 숨기는 데 능했다. 또 외부 반응에 대한 대응력도 높았다. 다시 말해 사기꾼은 남을 속여 돈을 뜯어내기 위해 치밀한 계획을 세우며, 상황에 따라 임기응변 능력이 뛰어났다.

만약 당신이 상대의 말과 행동에 쉽게 현혹되지 않는다면 그의 진짜 모습을 보게 될 가능성이 높다. 권력을 과시하며 동정심이 많은 것처럼 행동하는 사기꾼에게서는 자신의 이야기를 들을 수 없다. 무슨 일을 하는지, 개인사는 어떤지 알 수 없다.

또 이들의 말과 행동은 모순으로 가득 차 있다. 사업이 잘된다고 말하면서도 갑자기 급하게 돈이 필요하다면서 빌려달라고 한다. 언뜻 보면 그럴 수도 있겠지, 하고 넘길 수 있다. 하지만 그동안 정말로 사업이 잘되었다면 신용이 좋아 금융권에서 돈을 수월하게 빌릴 수 있을 것이다. 그럼에도 주변 사람에게 돈을 빌려달라는 것은 반드시 의심해봐야 하는 대목이다. 반대로 만난 지 얼마 되지 않은 사람에게 큰돈을 벌게 해주겠다고 호의를 베푸는 것도 의심해봐야 한다. 오랜 친구에게도 제안하기 힘든데, 만난 지 얼마 되지도 않은 사람에게 좋은 기회를 주기는 쉽지 않다.

사기꾼은 달변가인 경우가 많고 상대를 현혹하기 위해 거짓말을 많이 한다. 거짓말은 또 다른 거짓말을 낳는다. 거짓말을 많이 하면 말을 일관되게 하기 힘들다. 만날 때마다 말이 조금씩 달라지는 것은 바로 이 때문이다. 그러니 '단순한 실수겠지' 하며 쉽게 그 사람 입장에서 합리화하기보다는, 그가 보여준 말과 행동의 진실성을 곰곰이 따져볼 필요가 있다.

Part 2

속임수는 욕망을 먹고 자란다

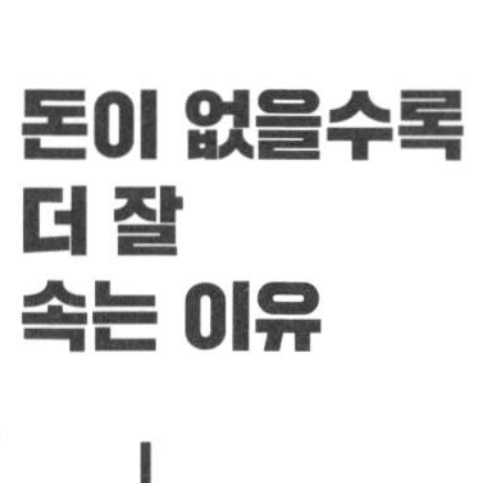

돈이 없을수록 더 잘 속는 이유

인간의 행동은 대부분 욕망과 관련되어 있다. 욕망 중에는 식욕이나 수면욕처럼 금세 달성할 수 있는 것도 있지만, 그렇지 않은 것도 많다. 그래서 인간은 지금 당장 채우기 어려운 욕망을 이루기 위해 계획을 세우고 참고 견딘다. 좋은 학교와 직장에 들어가기 위해, 미래를 준비하기 위해 사람들은 자고 싶고 놀고 싶은 당장의 욕구를 억누른다. 학자들은 이런 행동이야말로 인간과 동물의 가장 큰 차이점이라고 말한다.

하지만 인간이 항상 그런 것만은 아니다. 당장의 욕망에 사로잡혀 장기 계획이나 목표를 포기하기도 하고, 욕망을 이루기 위해 남의 것을 가로채는 비도덕적인 방법을 취하기도 한다. 강도나 강간, 성추행같이 완력을 이용해 강제로 탈취하기도 하지만, 속임수를 통해 상대를 착각에 빠뜨려 빼앗는 경우도 있다. 상대가 미끼에 걸려들었다면? 빼앗는 것은 시간문제다.

A씨는 주유소에서 근무하는 직원이다. 손님 중 한 명이 다가와 화장실에서 보석을 주웠는데 혹시 그걸 찾는 사람이 있느냐고 물었다. 바로 이때 전화 한 통이 걸려왔다. 전화를 건 사람은 보석을 잃어버린 사람으로, 오늘 꼭 찾아야 한다고 말했다. A씨는 마침 손님 한 분이 주워서 현재 보석을 보관하고 있다고 말했다. 전화를 건 사람은 기뻐하면서 보석은 200만 원짜리인데 사례비로 10%인 20만 원을 주겠다고 했다. 그러면서 한 시간 내에 도착할 것 같다고 했다. 그러자 보석을 주운 손님이 급한 일이 있어서 한 시간 동안 기다릴 수 없다며 A씨에게 사례비를 5 대 5로 나누면 어떻겠느냐고 제안했다. A씨는 10만 원을 벌 수 있다는 생각에 손님에게 자기 돈 10만 원을 주고 보석을 받았다. 한 시간 뒤 보석 주인에게서 20만 원을 받을 것을 기대하면서 기다렸지만, 보석 주인은 끝내 나타나지 않았다.

비둘기는 눈앞의 먹이만 본다

이런 수법을 '비둘기 앞에 물건 떨어뜨리기pigeon drop'라고 한다. 공식적인 기록만으로 100년 이상 된 전통적인 속임수다. 여기서 비둘기란 피해자를 의미한다. 비싼 물건이나 돈이 가득 들어 있는 듯 보이는 두툼한 지갑을 일부러 피해자 앞에 떨어뜨리고, 그것을 주운 사람을 상대로 순간적인 욕망을 자극하는 방법이다.

앞의 사건처럼 바람잡이까지 동원한다면 속수무책으로 당할 가능성이 높다. 생각지도 않은 돈을 벌 수 있다는 욕심에 눈이 멀어 경계심이나 의심이 개입할 틈이 없어지기 때문이다. 그런데 만약 경제적인 문제로 어려움까지 겪고 있다면 어떻게 행동할까?

돈에 대한 욕망에 사로잡힌 사람의 행동을 말하기에 앞서 사자의 식습관을 살펴보자. 사자는 평생 배가 아주 부른 상태와 굶주린 상태를 반복한다. 3~4일에 한 번씩 사냥에 나서 배부르도록 먹지만, 배가 고플 때까지는 사냥에 나서지 않는다. 배가 부른 사자는 여유롭다. 먹잇감이 눈에 띄어도 사냥에 나서지 않는다. 반면 굶주린 사자는 먹잇감에 금세 반응을 보인다. 밀림의 왕이라는 지위와 달리 굶주림을 채우기 위해서라면 하이에나 등 다른 동물이 사냥한 동물을 훔치는 일도 서슴지 않는다.

인간도 사자와 비슷하다. 포만감을 느낄 때는 주변에 맛있는 음식이 있어도 더 먹으려고 하지 않는다. 이때는 음식 냄새에도 덜 민감해진다. 하지만 배고플 때는 다르다. 평상시 거들떠보지 않던 음식도 먹고 싶어진다. 또 먹을 수 있는 양을 과대평가해 실제로는 먹지도 못할 정도의 음식을 시키고 후회한다. 때로는 소설 『레 미제라블』의 주인공 장발장처럼 남의 것을 훔치기도 한다. 경제적 문제로 어려움을 겪는 사람도 배고픈 사람과 비슷하다. 욕망을 채울 수 있다면 불법적인 방법에도 쉽게 손을 뻗는다.

루스티크는 플로리다 팜비치에 자리를 잡고, 요트를 타고 팜비치에 오는 부자들과 사귀었다. 이들 가운데 유명한 자동차 사업가 헤르만 롤러가 있었다. 루스티크는 면밀하게 뒷조사를 한 끝에 현재 롤러의 사업이 어렵다는 사실을 알아냈다. 루스티크는 '루마니아 상자'라는 오래된 수법을 써먹기로 마음먹었다.

방법은 이러했다. 먼저 루스티크는 롤러에게 (중략) 루마니아의 천재 과학자가 개발한 기계를 가지고 있는데 이 기계는 은행권을 복사할 수 있다고 말했다. (중략) 루스티크는 1,000달러짜리 진짜 지폐를 아무것도 인쇄되지 않은 백지와 함께 양쪽에 나 있는 구멍으로 밀어 넣었다. (중략) 인쇄가 되려면 여러 시간이 걸린다고 했다. 자리를 비웠다가 다시 돌아왔을 때 상자에서는 똑같은 1,000달러짜리 지폐가 나왔다. 루스티크는 롤러에게 그 가짜 지폐를 은행에 가서 시험해보라고 했다. (중략)

그는 또 이렇게 말하는 것을 잊지 않았다.

"은행에 가서 두 지폐를 동시에 내보이면 안 됩니다. 일련번호가 같으니까요."

하지만 사실은 둘 다 진짜 지폐였다. 가짜라고 한 지폐의 일련번호 가운데 두 개의 숫자 3을 8로 바꾸어서 똑같이 보이도록 만든 것일 뿐이었다. 롤러는 2만 5,000달러를 내고 그 상자를 사 가지고 갔다. 요트에서 그는 루스티크가 가르쳐준 대로 1,000달러짜리 지폐를 구멍 속으로 넣었다. 하지만 (중략) 가짜 지폐는 나오지 않았다. 화가 머리끝까지 치밀었지만, 비싼 값을 지불하고 지폐를 위조하는 기계를 샀는데 그게 가짜더라는 이야기를 경찰서에 가서 할 수는 없는 노릇이었다[10].

『발칙하고 기발한 사기와 위조의 행진』 중에서

우리는 굶주릴수록 더 쉽게 속는다. 경영 상황이 좋지 않은 사업가에게 루마니아에서 온 신기한 물건은 배고픔을 곧바로 달랠 수 있는 요술 기계처럼 보였을 것이다. 루마니아 상자 수법으로 명명된 속임수는 외국 사례이기는 하지만, 오랫동안 효과가 입증되어 수백 년간 이어왔다.

욕망에 굶주린 사람을 겨냥한 속임수 사건은 그 외에도 많다. 일전에 펜션 주인들이 사기꾼에게 속은 사건이 있었다. 사기꾼들은 자신들을 법무사와 중견 기업 대표라고 속여 서로 바람잡이 역할을 하면서 주인의 신뢰를 얻었다. 그리고 펜션을 담보로 대출받은 후 펜션을 살 것처럼 거짓말을 하고 대출금만 받고 도망갔다. 이때 사기꾼들이 점찍은 사람들은 펜션을 매물로 내놓았으나 팔리지 않아 경제적으로 어려움을 겪는 펜션 주인들이었다. 주인들은 사기꾼들이 내놓은 그럴듯한 가짜 투자 계획에 쉽게 속았다. 대출을 빙자한 보이스 피싱 사기에서도 사기꾼들은 유출된 개인 정보를 이용해 과거에 한 번쯤 대출을 신청했다가 거절당한 사람을 상대로 속이곤 했다.

욕망은 돈에만 한정되지 않는다. 건강도 마찬가지다. 터무니없이 비싼 수백만 원짜리 건강식품이나 건강 보조 기기를 판매할 때도 역시 몸이 아픈 사람들의 심리를 악용한다. 속임수는 아니지만 로또를 사는 사람 중에도 경제적으로 어려운 이들이 많다. 여유가 있는 사람조차 주식 투자 실패 등으로 갑자기 경제적 어려움을 겪으면 평소에는 거들떠보지도 않던 로또에 시선을 돌린다. 당첨될 확률이 지극히 낮지만 1등을 했을 때 받을 수 있는 엄청난 금액은 낮은 확률을 잊게 만든다. 그리고 로또를 통해 인생 반전을 꿈꾼다.

다단계 판매도 같은 경우다. 다단계 종사자 중 실제 고소득을 유지하는 사람은 극히 일부에 불과하다. 그럼에도 돈이 궁한 사람에게 그들의 설명은 매혹적으로 들린다. 실제로 다단계 업체 판매 사원 수는 2008년 글로벌 경제 위기 이전에는 300만 명대를 유지하다가 2011년에는 400만 명을 돌파했다[11]. 경기가 나쁠 때 다단계 판매원이 급증했다는 사실은 돈에 굶주린 사람이 얼마나 쉽게 마음을 내줄 수 있는지 보여주는 사례다.

절대로 조급하게 선택하지 마라

욕망에 압도되었을 때 이성적인 선택을 하기는 쉽지 않다. 수사 현장에서 만나는 사기 피해자 대부분은 부유한 사람보다는 돈이 궁한 사람들이다. 특히 처음부터 가난했던 사람보다는 예전에 잘나갔던 사람이 더 쉽게 속임수에 걸려든다. 배고픔은 상대적이다. 배고플 때는 몸에 안 좋은 음식에도 손이 가듯이, 돈에 굶주린 경우 이를 만회하기 위해 잘못된 선택을 할 가능성이 커진다.

그러니 욕망에 고플 때는 중요한 결정을 하지 않는 것도 하나의 방법이다. 약간이라도 배고픔을 면하면 몸에 좋은 음식을 선택하듯이 열심히 일해 돈의 굶주림을 조금이라도 면했을 때 좀 더 나은 선택을 할 수 있다. 그때야 비로소 주변의 다양한 선택지를 제대로 볼 수 있다.

또 다른 문제는 사람은 부족할 때만 무언가를 탐하는 것이 아니라는 점이다. 배부른 상태에서도 얼마든지 음식에 탐닉하는 것처럼 말이다. 사기꾼도 마찬가지다. 굶주림과 욕망에 사로잡힌 사람에게만 사기를 치지 않는다. 속임수가 무서운 것은 별 욕심이 없던 사람에게도 욕심이 생기게끔 만들기 때문이다. 대표적인 예가 앞서 소개한 '비둘기 앞에 물건 떨어뜨리기' 수법이다. 큰 욕심이 없던 사람에게 순간적으로 욕망을 느끼게 한 다음 쉽게 속인다. 이처럼 설령 욕망에 사로잡혀 있지 않더라도 예상치 못한 속임수에 당할 수 있다. 그럼 지금부터는 사기꾼들이 얼마나 교묘하게 속이는지 좀 더 면밀히 살펴보자.

단언컨대 세상에 공짜는 없다

① 공짜 경품 이벤트

'제주도 2박 3일 숙박권 + 렌터카 48시간'이 공짜!

(제세공과금 별도)

② 9만 9,000원 초저가 상품

'제주도 2박 3일 숙박권 + 렌터카 48시간'

(추가 요금 없음)

두 가지 상품 중 하나를 선택한다면 어느 쪽을 선택할까? 대부분 ①번을 선택한다. '공짜'이기 때문이다. '공짜라면 양잿물도 마신다'라는 속담처럼, 공짜는 어떤 상황이든 쉽게 사람의 눈길을 끈다. ①번을 선택한 사람들의 이야기를 들어보자.

B씨는 가족과 함께 영화관을 찾았다. 영화표를 샀더니 스크래치 복권을 함께 주었다. 무료 경품 이벤트라는 말을 듣고 혹시나 하는 생각에 복권을 긁었다. 그런데 놀랍게도 제주도 2박 3일 숙박 이용권과 48시간 렌터카 이용권에 당첨됐다. 이벤트를 주관한 여행사에 연락했더니 여행사에서는 당첨을 확인한 후 제세공과금 9만 9,000원을 보내달라고 했다. B씨는 기쁜 마음으로 바로 입금했다. 이후 제주도 여행을 예약하려고 연락했지만 여행사는 전화를 받지 않았다. 알고 보니 해당 여행사는 폐업한 상태였다.

이 사례는 실제 있었던 일이다. 여행사가 영화관이나 편의점, 유명 식당과 제휴해서 벌인 공짜 경품 이벤트로 손해를 입은 피해자는 2,000명이 넘었다.

나 역시 중학생 때 영화관에서 비슷한 수법에 크게 당한 적이 있다. 당시에는 시내 중심의 몇몇 개봉관에서 최신 영화를 먼저 상영한 후, 일정 시간이 지나 막을 내리면, 변두리에 위치한 재개봉관에서 영화를 상영했다. 재개봉관에 가면 약간 철 지난

최신 영화 한 편과 개봉한 지 한참 된 영화를 같이 볼 수 있었다. 요즘으로 치면 1+1 전략인 셈이다. 영화 한 편이 끝나고 두 번째 영화를 상영하기 전에 경품 추첨 행사를 했는데, 당시 1등 경품은 카메라였다. 지금이야 스마트폰에 카메라가 기본으로 장착되어 있지만, 당시만 해도 카메라는 고가 제품이어서 아무나 소유하지 못하는 물건이었다.

그런 상황에서 1등을 발표했는데 내가 당첨된 것이었다. 기쁜 마음으로 수령 장소로 가서 경품 카메라를 보니 난생처음 보는 브랜드 제품이었다. 의아한 마음은 잠시, 당당히 카메라를 가져가려고 하자 업체 직원은 제세공과금을 내야 한다고 했다. 같이 간 친구들은 뭔가 수상하다며 그냥 가자고 했지만, 카메라를 갖고 싶은 마음에 기꺼이 돈을 냈다. 하지만 카메라를 받아와 사진을 찍어보니 질이 형편없었고, 얼마 지나지 않아 망가졌다. 이 사건으로 다시는 공짜라는 말에 당하지 않겠다고 다짐했다. 하지만 '공짜'라는 단어는 자동 추적 장치가 달린 것처럼 지금도 내 눈을 사로잡는다.

우리가 '공짜'에 낚이는 이유

공짜 속임수에 많은 사람이 걸려드는 이유는 뭘까? 그것은 손실을 입고 싶어 하지 않는 인간의 성향 때문이다. 이것을 '손실 기피 현상'이라고 한다. 인류 역사에서 지금처럼 물자가 풍족한 때는 없었다. 인간은 항상 먹을 것도, 입을 것도 부족한 환경에 놓였다. 과거에는 새로운 것을 포획하거나 채집하기가 쉽지 않았다. 그래서 새로운 것을 얻는 것보다 현재 가지고 있는 것을 잃지 않는 것을 중시했다. 인간이 합리적이라면 손해의 고통과 이익의 기쁨은 1:1로 동일할 것이다. 하지만 수많은 실험을 통해 얻은 일관된 결과는, 손해의 고통이 이익의 기쁨보다 2~2.5배나 크다는 사실이다. 다시 말해 돈을 잃었을 때 느끼는 고통이 같은 금액의 돈을 얻었을 때 느끼는 기쁨보다 훨씬 더 크다는 뜻이다.

심리학자들은 손실을 더 싫어하는 심리를 두고 인간이 이성적인 동물이 아니라는 대표적인 증거라고 주장한다. 손실을 기피하는 성향은 돈을 내고 물건을 구입할 때도 나타난다. 사람들에게 물건을 사도록 시키고 뇌를 촬영해보니 기쁜 경험과 기대감에 반응하는 부위와 함께 혐오감을 느끼는 부위가 동시에 활성화되었다. 혐오감은 돈을 내기 위해 지갑에 남은 돈을 바라볼 때 더 활성화되었다. 반면 신용카드를 쓸 때는 현금을 쓸 때처럼 바로 돈이 사라지는 모습을 보지 못하기 때문에 혐오감이 덜 활성화되었다. 신용카드가 과소비를 조장하는 이유는 바로 이 때문이다.

반면 공짜는 손실 자체가 없기 때문에 손실에 대한 혐오감을 생각할 필요조차 없게 해준다. 그리고 덤으로 기분까지 좋게 한다. 사은품으로 선물이나 무료 쿠폰, 샘플 등을 증정하면 제품에 대한 긍정적인 감정을 불러일으킨다. 그래서 상품 마케팅 부서는 신제품을 출시할 때마다 이런 행사를 통해 소비자에게 긍정적인 감정을 불러일으키려고 노력한다. 인터넷 광고에서도 '공짜 · 경품 · 무료 증정'이라는 단어를 사용할 경우 기존 인터넷 광고보다 클릭 수가 10~30% 상승한다.

공짜가 아닌데 공짜처럼 느낄 때

정상적인 사람은 도박을 꺼린다. 도박에서 돈을 잃을 확률이 딸 확률보다 훨씬 높다는 것은 누구나 아는 사실이다. '운이 좋으면 따겠지' 하는 마음에 한 번쯤은 하지만, 처음부터 돈을 잃으면 더 이상 도박을 하지 않는다.

인터넷 도박 사이트는 바로 이런 심리를 역이용한다. 무료 머니를 통해 손실에 대한 초기 고통을 없애준다. 공짜로 주는 판돈은 부담 없이 도박을 하도록 유도한다. 그리고 초반에는 대부분 돈을 따도록 프로그램을 설계한다. 무료 머니가 있는 동안에는 어느 정도 승률을 보장해주는 식이다. 돈을 딴 다음에 환전을 시도하면, 일정 금액(현재 보유한 금액보다 더 많은 금액)을 따지 않을 경우 환전이 안 된다는 메시지가 뜬다. 그래서 사람들은 환전할 수 있는 액수에 도달하기 위해 도박을 계속한다. 이게 바로 함정이다. 계속하는 순간 도박에 빠지는 것은 물론, 무료 머니뿐 아니라 자신의 돈까지 잃는다. 무료 머니는 공짜처럼 보이지만 도박 중독을 유도하기 위한 미끼에 불과하다.

이처럼 공짜를 이용한 속임수의 핵심은 '공짜가 아님에도 공짜라고 착각하게 만드는' 데 있다. 방법은 다양하다. 한 유명 콘도 회사는 2009년부터 2012년까지 회원들에게 2인 무료 조식 쿠폰을 준다고 안내했다. 문제는 이 회사가 2인 조식 쿠폰 가격을 반영해 객실 요금을 14~30% 인상했음에도, 조식이 무료 혜택인 것처럼 안내했다는 점이다.

TV 홈쇼핑에서도 같은 수법을 찾아볼 수 있다. 재봉틀을 광고하면서 당일 구매할 경우 노루발 4종을 특별히 추가 제공하는 이벤트를 했다. 하지만 추가로 지급하는 4종의 노루발은 재봉틀 포장에 같이 들어가 있고, 제품 설명서를 보면 기본으로 제공되는 부품이었다[12]. 기본적으로 제공하는 부품을 특별한 것처럼 포장해 공짜로 추가 제공한다고 속인 것이다.

한 인터넷 사이트에서 평생 살면서 얻은 가장 큰 교훈에 대해 설문 조사를 했는데, 1위를 차지한 내용이 '세상에 공짜는 없다'였다. 어릴 때부터 '세상에 공짜는 없다'라는 말을 귀에 못이 박히도록 듣고 자라면서도 공짜에 수없이 당하는 사람이 그만큼 많은 모양이다. 이쯤 되면 '세상에 공짜는 없다'라는 말과 '공짜라면 양잿물도 마신다'라는 말은 서로 모순되는 것처럼 보인다. 세상에 공짜가 없는데 어떻게 공짜 양잿물을 마실 수 있겠는가? 이렇듯 서로 모순된 말이 공존하는 것은, 공짜를 좋아하는 심리가 모순을 이겨낼 만큼 강력하기 때문인 것 같다.

하지만 공짜가 실제 공짜인 경우는 거의 없다. 백화점 전단을 보면 선착순 100명에게 사은품을 준다고 적힌 경우가 종종 있다. 사은품을 받기 위해 매장을 열기도 전에 줄을 서서 기다리는 사람들을 볼 수 있다. 그런데 사은품을 주는 장소는 1층 정문이 아닌 꼭대기 층에 위치하는 것이 일반적이다. 공짜 상품을 받기 위해 백화점 꼭대기 층에 올라갔다 내려갔다 하면서, 사람들은 진열된 상품을 자연스럽게 둘러본다. 더군다나 공짜 사은품을 받은 후에는 기분이 좋아져 불필요한 상품을 구입하기도 쉽다.

공짜는 '빚을 졌다'라는 불편한 감정을 갖게 만들기도 한다. 그래서 공짜 사은품을 받았을 때 상대가 무언가를 요구하면 이를 들어줄 가능성이 높다. 특히 나이가 어리거나 사회 경험이 적을 경우 이런 불편한 감정에 쉽게 굴복한다. 2호선 강남역처럼 번화한 전철역 지하상가를 지나가다 보면, 20~30대로 보이는 여성이 화장품 샘플을 들고 설문지를 작성해달라고 하는 모습을 볼 수 있다. 이렇게 무료 샘플 또는 피부 테스트를 미끼로 제품을 판매하는 방법을 '캐치 세일catch sale'이라고 한다. 이들은 아무나 잡지 않는다. 10대 후반~20대 초중반 여성을 주 타깃으로 한다. 일부 화장품업체는 캐치 세일을 통해 이들에게 고가의 화장품을 강매하거나 나중에 반품하지 못하도록 방해하기도 한다.

공짜는 정상적인 마케팅 방법이든 속임수든 간에 숨은 목적을 가지고 있다. 공짜라는 미끼에 속지 않으려면, 공짜라는 사실 자체에 흥분하기보다는 숨은 목적에 주목해야 한다. 단순한 신제품 홍보인지, 대가로 개인 정보를 요구하는지, 추가 구매를 요구하는지 여부를 꼼꼼히 살펴보고 행동에 나서야 한다.

때로는 후회가 잘못된 선택을 부른다

초등학생 시절, 학교 앞에 뽑기 아저씨가 있었다. 50원을 내고 아저씨 손에 들린 고무줄 두 개 중 긴 것을 뽑으면 좌판에 널린 상품을 가져갈 수 있었다. 아저씨는 선뜻 돈을 내고 뽑기를 하길 꺼리는 아이들에게 일단 아무거나 뽑아보라고 한다. 처음에는 신기하게도 긴 줄이 나온다. 그래서 상품을 달라고 하면 “넌 돈 안 냈잖아. 안타깝게도 무효다”라며 자극한다. 그러자 이번에는 아이가 돈을 내고 진짜 뽑기에 도전한다. 하지만 결과는 항상 짧은 줄이다. 확률은 반반이지만 한 번 더 해도 결과는 마찬가지였다.

시대가 변해 뽑기 아저씨 대신 '뽑기 자동판매기'가 등장했다. 500원을 넣고 집게를 조종하는 방식이다. 정해진 시간 내에 투명한 통 안에서 집게를 움직여 원하는 물건을 집는다. 집게를 움직여 입구까지 무사히 가져오면 그 물건은 자기 것이 된다. 투명한 통 안에는 500원으로는 살 수 없는 물건이 가득 차 있다. 집게로 원하는 물건을 집는 데까지는 큰 어려움이 없다. 하지만 집은 물건을 들어 올려 입구까지 가져와 떨어뜨리는 것은 쉽지 않은 일이다. 조금만 더 하면 될 것 같은데 번번이 실패한다. 아쉬운 마음이 클수록 그만두지 못하고 계속 도전한다. 조금만 더 하면 될 것 같지만 결과는 마찬가지다.

재미로 시작했다가 거덜 나는 이유

조금만 더 하면 될 것 같은 아쉬운 마음은 사기 도박판에서도 이용된다. 피해자를 살펴보면 재미 삼아 도박판에 발을 들인 이들이 많다. 초반에는 돈을 좀 따다가 중반을 넘어가면서 이상하게도 '아슬아슬'하게 지는 횟수가 많아진다. 상대는 피해자의 카드패를 훤하게 보고 있기 때문에 승패를 조작하는 것은 식은 죽 먹기다. 사기꾼은 피해자에게 조금만 더 하면 딸 수 있을 것 같다는 착각을 심어준다.

그러는 동안 피해자는 가져간 돈을 몽땅 잃는다. 그리고 다음 날 원금을 되찾기 위해 제 발로 도박판을 찾는다.

“제가 잃은 돈이 몇 억은 될 거예요. 창피하기도 하지만 일단 회복해야겠다는 생각이었죠.”

돈을 많이 잃으면 본전을 찾아야겠다는 생각에 도박에 더 깊이 빠져든다. 국무총리실 산하 사행산업통합감독위원회에 따르면, 2018년 사행 사업 규모는 최대 160조 원에 달한 것으로 추정된다. 2013년 전 세계에 470만 대를 판매한 현대자동차 매출액 87조 원의 거의 두 배에 해당하는 금액이니 어마어마하다.

여기서 주목해야 할 점은 피해자가 처한 상황이다. 이들은 욕망에 굶주린 사람이 아니었다. 애초에 돈을 벌기 위해 도박을 시작한 것이 아니다. 처음에는 재미로 시작하고, 무언가에 이끌려 어리석은 행동을 반복한다. 아무리 해도 이기지 못하는 게임을 계속하게 만드는 것은 무엇일까? 바로 ‘후회’라는 감정이다.

원래 인간의 뇌는 비교를 좋아한다. 다른 사람과 비교하기도 하고, 과거의 자신과 비교하기도 한다. 비교는 후회라는 생각지 못한 효과를 낳는다. 후회는 아쉬움과 약간의 불쾌감을 주어 미래에 같은 실수를 하지 않도록 해주는 장치다. 신중한 선택을 유도해 생존에 도움을 주기도 한다. 이는 후회와 관련된 뇌 부위가 손상된 사람을 보면 쉽게 알 수 있다. 이들은 도박을 할 때 망설이지 않고 베팅한다. 중요한 선택을 할 때 역시 별다른 조건을 따지지 않고 즉각 결정한다. 후회가 의사 결정에 브레이크 역할을 하는 것을 암시하는 대목이다.

여기까지 보면 후회는 사기꾼에게 방해물처럼 여겨진다. 하지만 후회는 브레이크 역할만 하는 것은 아니다. 상황에 따라서는 반대로 액셀러레이터 역할을 하기도 한다. '거의 ~할 뻔했는데'라는 아쉬움은 후회를 브레이크에서 액셀러레이터로 바꾼다. 코 묻은 아이들의 돈을 빼앗기 위해 뽑기 아저씨는 '돈을 냈으면 상품을 가질 수 있었을 텐데'라는 후회를 아이들에게 심어준다. 도박에서도 아슬아슬하게 지는 상황을 연출해 피해자에게 비슷한 감정을 느끼게 만든다.

이런 감정은 사기 내기 골프에서도 활용된다. 사기꾼들은 실력이 출중해 마음대로 스코어를 조절할 수 있다. 그래서 초반에는 조금씩 지다가 나중에는 아슬아슬하게 이긴다. 지는 사람 입장에서는 1~2타 차로 졌기 때문에 조금만 더 하면 이길 수 있다고 생각하고 다시 도전한다. 설욕전이라면서 게임을 계속하지만, 할수록 돈을 잃는다. 도박에 어느 정도 빠져들면 객관적으로 '거의 ~할 뻔했던' 상황이 아닌데도 피해자는 그렇다고 착각한다.

투자를 빙자한 사기에서도 비슷한 양상을 보인다. 사기꾼은 피해자를 꾀기 위해 후회하는 기분이 들도록 만든다. 망설이면서 투자에 응하지 않은 상대에게는 "그때 투자했더라면 당신도 돈을 많이 벌었을 텐데"라고 하며 돈을 많이 번 것처럼 속인다. 착각에 빠진 상대는 다음에는 자신을 꼭 끼워달라고 부탁한다.

도박과 게임에서 돈을 벌 수 있는 사람은 그 무대를 설계하고 주관하는 사람뿐이다. 이런 상황에서 '거의 딸 수 있었을 텐데'라는 생각은 완전한 착각이다. 설령 그렇게 생각할 만한 상황이라고 하더라도 '거의 딸 수 있었던 것'과 '따지 못한 것'은 결과적으로 같다. 생각에만 차이가 있을 뿐이다.

속지 않으려면 생각이 아닌 객관적인 '사실'에, 주관적인 느낌이 아닌 '결과'에 주목해야 한다. 속임수는 객관적인 사실을 보지 못하게 하며, 주관적인 생각으로 눈을 돌리게 만든다. 이 사실을 깨달을 때 사기꾼들이 만든 후회라는 액셀러레이터에서 스스로 발을 뗄 수 있다.

이번에 땄으니 다음번에 또 딸 것이라는 착각

사기꾼들이 사랑하는 '3의 법칙'

사기 사건을 수사하다 보면 이상한 패턴을 발견할 수 있다. 사기꾼은 돈을 빌린 다음 두세 번 정도는 상대에게 약속대로 높은 이익금을 제때 지급한다. 그런 다음 더 좋은 투자처가 있다면서, 돈을 더 빌려주면 이자를 많이 쳐주겠다고 다시 제안한다. 이때 상대방은 이런 제안에 순순히 응한다. 기존에 빌려준 원금도 다 돌려받지 않았는데 피해자가 또다시 돈을 빌려주는 이유는 무엇일까? 해답을 찾기 전에 C씨의 이야기를 들어보자.

2008년 글로벌 금융 위기 이전에 세계 경제 호황과 중국의 연이은 고성장으로 원자재 가격은 가파른 상승세를 보였다. 세계의 공장이자 최대 소비 인구를 보유한 중국의 힘은 대단해 보였다. 중국인들이 와인을 마시기 시작하면서 와인 값이 들썩인다는 기사가 나올 정도였다.
평소 재테크에 관심이 많은 C씨는 그때 마침 신문 머니 섹션에서 짐 로저스라는 상품 투자 전문가의 인터뷰 기사를 보았다. 짐 로저스는 자신의 이름을 딴 원자재 펀드를 운영할 정도로 유명했는데, 앞으로 중국발 원자재 가격 상승은 계속 이어질 것이라고 강조했다. 인터뷰 아래 관련 기사를 보니 각종 원자재 펀드의 지난 2년간 수익률이 90%에 달했다는 내용도 함께 실렸다. 논리는 완벽해 보였다. C씨는 당장 증권 계좌를 열고 펀드를 구입했다. 하지만 그때부터 원자재 펀드는 힘을 잃었다. 갑자기 터진 2008년 리먼 브러더스 사태는 단숨에 전 세계에 불황의 그림자를 드리웠고, 분산투자 효과로 손해 날 일이 별로 없다던 적립식 펀드도 손실이 났다.

두세 번 이익금을 받은 후 돈을 또다시 빌려준 피해자와 원자재 펀드에 가입한 C씨의 공통점은 무엇일까? '두세 번 연이어 찾아온 행운이 다음번에도 계속 이어질 것'이라고 기대했다는 점이다. C씨의 선택에 그럴싸한 투자 계획이나 인지도 높은 전문가의 인터뷰 기사도 한몫했지만, 결정적인 역할을 한 것은 2년 연속 상승한 펀드의 수익률이었다. 두 번 이상 연이어 찾아온 행운은 더 이상 행운처럼 보이지 않았다. 하나의 패턴처럼 느껴지고, 앞으로도 계속 이어질 듯 보인 것이다.

인간은 내 손에 쥔 돈보다 '돈을 벌 것 같은' 기대감에 더욱 흥분한다. 이런 상태라면 위험한 선택도 마다하지 않는다. 어떨 때 우리는 이런 기대감을 갖게 될까? 인간은 두세 번 이어진 일정한 추세, 즉 일정한 방향으로 나아가는 경향을 하나의 패턴으로 해석한다. 주가로 비유하면 이틀 연속 상승한다면 상승 추세라고 생각하며 내일도 오를 것으로 기대한다.

그렇다면 인간은 왜 패턴을 인식하도록 발전했을까? 해답은 '생존'에서 찾을 수 있다. 농사를 짓고 정착하기 전 인간은 오랜 기간 먹이를 따라 이동하며 살았다. 이동 생활은 다양한 문제를 발생시켰다. 어디에 머무를 것인지, 어디에 가면 좋은 음식과 물이 있는지는 생존하는 데 중요한 문제였다. 문제를 해결하기 위해, 인간은 시간이 많이 걸리는 논리적 계산보다는 시각 정보를 바탕으로 패턴을 완성한 후 빠르게 추론하는 방식을 선택했다.

그 때문에 다양한 정보를 분석해 정확하게 판단하기보다는, 단편적인 정보로 재빨리 판단하고 행동으로 옮기는 것이 생존에 유리했다. 패턴을 인식하고 행동에 나서는 성향은 현대에도 여전히 유용하다. 밤에 집 앞에서 누군가가 담배를 피우며 서 있다고 가정해보자. 아마 누굴까, 하는 의문과 함께 순간 낯선 사람에 대한 두려움을 느낄 것이다. 그래서 시각을 총동원해 그 사람의 키, 걸음걸이, 담배를 피우는 습관 등 패턴을 탐색하고 아는 사람인지 여부를 탐지한다. 이런 과정은 우리가 의식하기도 전에 자동적으로 일어난다.

패턴을 빨리 인식하는 능력이 장점만 있는 것은 아니다. 노벨 의학상을 수상한 뇌 과학자 제럴드 에델만Gerald Edelman은 그의 저서 『세컨드 네이처Second Nature』에서 뇌의 패턴 인식 과정은 논리나 수학에서처럼 엄밀하지 않다고 말했다. 빠르게 인식하고 행동하는 만큼 오류가 많다는 것이다. 그래서 인간은 때로는 존재하지도 않는 패턴을 실제 있는 것처럼 인식하기도 한다. 돈을 빌려준 사람이나 C씨뿐 아니라 세계 최대의 투자자도 잘못된 패턴의 오류에 빠졌다. 그들은 3년 연속 상승률을 기록한 펀드매니저를 고용하고, 일관된 패턴을 보이지 못한 펀드매니저는 해고했다. 흥미로운 사실은 그들이 새롭게 고용한 펀드매니저의 운용 회사들이, 해고한 매니저의 회사들보다 낮은 수익률을 기록했다는 점이다[13].

패턴을 잘못 읽는 경향은 동전 던지기에서도 볼 수 있다. 동전 던지기를 할 때 앞면이 연달아 나오면 다음에는 뒷면이 나올 차례라고 생각한다. 이같이 생각하는 이유는 간단하다. 동전 던지기에서 앞면이나 뒷면이 나올 확률은 50%다. 단기간에는 확률에 차이가 있어도 시간이 흐르면 50%의 확률에 이를 것이라고 생각하기 때문이다. 얼핏 생각하면 맞는 듯하다. 하지만 여기에는 오류가 있다. 앞면이 아무리 여러 번 나와도 다음 동전을 던질 때 뒷면이나 앞면이 나올 확률은 항상 50%라는 점이다. 이처럼 동전을 던지는 것은 서로 독립적인 게임이지만, 사람들은 서로 영향을 준다고 착각한다. 이를 '도박사의 오류'라고 한다.

이런 오류는 로또에서도 일어난다. 'Lotto 6/45'는 45개의 숫자 중 구매자가 여섯 개의 번호를 선택해 모두 일치할 경우 1등에 당첨된다는 뜻이다. 세 개 이상 번호를 맞히면 당첨금을 받는다. 1등에 당첨될 확률은 무려 814만분의 1로 매우 낮다. 사람들은 동전 던지기처럼 로또 뽑는 회차가 늘어날수록 통계상 각 번호가 나올 확률은 동일해진다고 생각한다.

예를 들어, 과거에 45번이 많이 나왔다면 미래 회차에서 45번이 나올 확률은 극히 낮다고 생각한다. 반면 1번이 한동안 안 나왔다면 이번에 나올 확률은 다른 번호에 비해 높다고 여긴다. 하지만 많이 나온 45번이나 잘 안 나오는 1번이나 다음번에 뽑힐 확률은 45분의 6으로 동일하다. 이번 주에 뽑힐 번호는 지난번 뽑힌

번호의 영향을 전혀 받지 않기 때문이다. 다시 말해 지난번 선택된 숫자의 공을 빼고 추첨하는 것이 아니라, 처음부터 다시 추첨하기 때문에 지난번 선택된 숫자와 이번에 선택된 숫자와는 아무런 관련성이 없다. 그럼에도 사람들은 일확천금을 바라고 당첨 숫자 간에 일정한 패턴이 있는지 연구한다. 이런 분위기를 틈타 통계 분석을 통해 로또 번호를 예측하는 회사가 등장한 지 오래다.

2012년 11월에 방영된 채널A 방송 프로그램 〈이영돈 PD 논리로 풀다〉에서는 로또 전문가 여섯 명이 나와 각자 오랫동안 연구한 패턴을 통해 로또 번호를 맞히는 실험을 2회에 걸쳐 진행했다. 그 결과 어느 누구도 당첨 번호 여섯 개 중 네 개 이상을 맞히지 못했다. 세 개를 맞히는 5등 당첨 확률도, 전문가들이 각자 패턴을 이용해 선택한 숫자보다 무작위로 자동 선택된 번호일 경우가 더 높았다.

인간은 패턴을 만들고 패턴에 속는다

배가 고프지 않은데도 음식을 탐하게 만들기 위해, 사기꾼들은 배고플 때보다 더 많은 노력을 기울인다. 그들은 이 음식을 먹으면 뭔가 더 좋을 것 같다는 기대감을 불어넣는다. 그러기 위해서는 사전 작업이 필요하다. 사전 작업의 핵심은 '패턴이 있는 것처럼' 착각하게 만드는 것이다. 처음에는 적은 돈을 빌리고, 두세 번은 이자를 잘 갚는다. 피해자 입장에서는 상대가 이자를 잘 갚기 때문에 믿을 만한 사람이고, 안전한 거래라고 생각한다. 이때 피해자의 뇌에서는 공포를 담당하는 편도체가 제대로 작동하지 않는다. 그러니 더 빌려달라는 요청에 위험성을 감지하지 못하고 과감하게 결정한다. 투자를 유도하는 방식도 비슷하다.

패턴은 익숙함을 만들기도 한다. 익숙함은 진실을 정확하게 보지 못하도록 유도한다. 그래서 패턴이 존재한다고 생각하면 주변에 대한 경계심이 확실히 약화된다. 앞으로 들어오게 될 이자나 수익금에 대한 의심이 줄어든다.

사기 도박 역시 패턴을 쉽게 착각하는 인간의 특징을 이용한다. 도박 초기에 피해자가 돈을 연속으로 따게 만들어 '오늘은 운이 좋은 날'이라고 착각하게 만든다. 사기꾼이 만든 행운이지만, 이를 모르는 피해자는 행운이 계속될 것이라고 생각하고 도박을 한다. 이때 일부러 돈을 잃어준 사기꾼은 약이 오른 척하면서 판돈을 올리자고 제안하고, 피해자는 쉽게 동의한다. 하지만 피해자의 착각은 거기에서 끝난다. 이후 사기꾼들이 본격적으로 돈을 따기 시작하면서 피해자의 손실은 눈덩이처럼 불어난다.

패턴을 찾으려는 인간의 성향은 마음대로 조절할 수 없다. 우리는 모호한 자극에서도 의미 있는 패턴을 찾으려고 끊임없이 노력한다. 달 표면의 토끼 모습, 구름 속 성모마리아, 화성 표면의 사람 모습, UFO 사진 등이 대표적이다. 이같이 모호한 자극에서 의미있는 어떤 것을 찾아내는 심리를 '파레이돌리아pareidolia'라고 한다. 마이클 드로스닌Michael Drosnin은 자신의 책 『바이블 코드』에서 히브리 성서의 행과 열을 잘 맞추어서 특정 방향으로 읽으면 미래를 알 수 있다고 주장했다. 그러면서 9·11 테러라든지 굵직굵직한 사건이 성서에 이미 예언되어 있다고 했다.

하지만 이런 식으로 읽으면 다른 소설책에서도 비슷한 결과를 얻을 수 있다. 패턴을 찾으려고 노력하는 이유는 패턴이 무질서한 것을 질서가 있는 것처럼 보이게 해주기 때문이다. 세상을 훨씬 잘 이해하고 통제하고 있다고 착각하게 만드는 것이다. 그러나 처음 몇 번 잘되었다고 해서 그다음에도 잘되리라는 보장은 없다.

패턴에 속지 않으려면 패턴을 인식하는 데 오류가 많다는 사실을 인정해야 한다. 그래야만 패턴이 주는 기대감보다는 현재 상태에 주목할 수 있다. 돈을 빌려준 상대에게 계속 비싼 이자나 수익을 주는 이유는, 빌린 사람이 낮은 이자로는 돈을 빌릴 수 없음을 의미한다. 펀드의 수익률도 마찬가지다. 과거 추세는 미래 투자 수익률에 영향을 미치지 못한다. 오히려 현재의 시장 상황에 맞추어 적절하게 단기 투자하는 것이 현명하다.

상대가 나에게 좋은 대상을 소개할 경우 생각해야 할 것은 패턴보다는 '이유'다. '이렇게 좋은 것을 왜 나에게 소개해줬을까?' 하는 의문을 가져야 한다. 상대의 이해관계에 주목해야 냉철한 판단력을 유지할 수 있다.

눈에 보이는 것이 전부는 아니다

재벌 2세인 그는 키가 크고 몸매가 탄탄한 남성이었다. 만능 스포츠맨인 그의 주변에는 여자가 끊이질 않았다. 이에 반해 평범한 집안에서 자란 그녀는 외모가 화려하지는 않지만 매력적이었다. 사람들은 털털한 그녀가 많은 남성과 사귀었을 것이라고 추측했지만, 알고 보면 그녀는 이성과 손 한번 잡아보지 않은 순진무구한 의외의 면이 있었다. 그와 그녀는 우연한 기회에 만났는데, 처음에는 사사건건 부딪쳤다. 하지만 계속되는 만남을 통해 어느새 서로에게 신경 썼고, 결국 사랑하는 사이로 발전했다. 나중에 알고 보니 그는 그녀를 오래전부터 알고 있었다. 처음부터 그녀만을 몰래 사랑하고 있었던 것이다.

위 사례는 로맨스 소설 출판사 중 가장 유명한 할리퀸Harlequin Enterprises 소설의 전형적인 이야기 골격을 재구성한 것이다. 로맨스 소설에서는 남녀 관계가 이야기의 주요 기둥을 이룬다. 주변 사람들과의 관계, 특히 남자 주인공에 의한 여자 주인공의 감정 변화에 따라 이야기가 전개된다. 로맨스 소설의 주 소비층은 여성인데, 지금도 동일한 골격에 약간 다른 살을 붙인 이야기가 매달 수십 권 나올 정도로 인기를 끌고 있다. 이제는 소설에만 한정되지 않고 드라마와 영화에서도 흔히 볼 수 있는 이야기다.

좋아하는 것을 분석하면 그 사람의 욕구와 취향을 알 수 있듯이 로맨스 소설을 분석하면 이성에 대한 여성의 욕망을 알 수 있다. 앤서니 콕스Anthony Cox와 매리앤 피셔Maryanne Fisher도 비슷한 시도를 한 적이 있다. 1940년대 후반부터 출간된 할리퀸의 로맨스 소설 1만 5,000여 권의 제목을 분석해보았다[14]. 그 결과, 남성의 높은 경제적 지위를 나타내는 의사나 왕자, 왕 같은 단어와 장기적인 관계를 나타내는 신부, 결혼 등의 단어가 많이 사용되었다. 이를 기초로 로맨스 소설에서 남자 주인공의 캐릭터는 크게 두 가지로 나눠볼 수 있다.

첫째는 능력 있는 남자다. 인간은 다른 동물이나 같은 영장류에 비해 오랜 유아기를 보낸다. 오랜 유아기를 보낸다는 것은 성인이 될 때까지 부모가 투자하는 시간과 노력이 다른 동물에 비해 월등히 많다는 것을 의미한다. 그렇기 때문에 예나 지금이나 자녀 양육을 여자 혼자 감당하기는 힘들다. 그나마 인간은 다른 포유류와 달리 공동 육아 형태로 발전했다. 남성의 경우 여성에 비해 육아에 대한 투자량은 적지만 포유류 중 다른 어떤 수컷보다도 양육에 많은 역할을 담당한다. 반면 인간과 유전적으로 가장 가까운 침팬지나 고릴라, 오랑우탄은 유아기가 짧기 때문에 암컷이 육아를 전담한다.

이런 환경은 여성이 선호하는 남성의 조건에도 반영된다. 여성은 건장한 신체, 균형 잡힌 얼굴 등 외모에 기초한 우성 형질보다는 자녀 양육에 많이 투자할 수 있는 능력 있는 남성을 선호한다. 로맨스 소설 속 남자 주인공의 직업도 여성의 취향을 반영한다. 남자 주인공의 직업은 '굴지의' 기업가, 은행가, 변호사, 대평원의 목장주, 농장주, 사막의 왕자, 의사 등 전반적으로 부유함을 상징한다. 능력 있는 남성을 선호하는 경향은 소설에서만 나타나는 것은 아니다. '결정사', 이른바 결혼 정보 회사에 가입한 여성 회원들은 남성 회원들의 직업과 집안을 꼼꼼하게 살펴본다. 이런 성향은 학력과 수입에서도 일관적으로 나타난다. 반면 능력

없는 남성과의 결혼은 여성을 주저하게 만든다. 2012년 결혼 관련 통계를 보면, 학생이나 무직 상태에서 결혼한 신랑의 숫자는 1만 8,731명인 데 반해 신부는 12만 8,426명으로 6.85배 많았다.

둘째는 헌신적인 남자다. 헌신이란 상대를 위해 시간과 자원을 투자하고자 하는 의지와 노력을 말한다. 능력과 재력이 있다고 하더라도 배우자나 자식에게 투자하지 않는다면 아무런 의미가 없다. 로맨스 소설에 등장하는 남자 주인공은 대부분 헌신적인 남자로 묘사된다. 겉으로는 능력 있는 바람둥이처럼 보이지만, 그녀가 알기 전부터 그녀를 일편단심으로 사랑해왔다는 설정이 이런 부분을 충족시킨다. 실제로는 배경이 자신과 비슷하고 자주 보는 남자와 결혼할 확률이 가장 높지만, 여전히 창문 너머로 백마 탄 왕자님이 찾아오길 꿈꾸는 이들이 있다.

헌신적인 태도 뒤에 숨은 결혼 사기

남자는 시각이 발달해 첫눈에 사랑에 빠지기 쉽다. 그리고 연인이 되면 그제야 상대의 단점이 눈에 들어온다. 한마디로 금방 좋아하고 금방 싫증을 낸다. 반면 여성은 대체적으로 사랑에 신중한 편이다. 첫눈에 반하기보다는 초반에는 상대를 관찰한다. 그리고 일단 연인이 되면 장점 위주로 보려고 한다. 늦게 콩깍지가 씌고, 이런 상태는 오랫동안 유지된다. 그동안 남성의 속임수는 발각되지 않는다. 결국 연인이 되면 남자는 여자의 실체를 파악하는 데 비해 여자는 남자의 실체를 못 보게 된다. 이런 남녀 간의 차이 때문인지 남녀 관계에서 속는 쪽은 주로 여성이다.

남성 사기꾼들의 경우, 만남 초기에 여성의 경계심을 없애기 위해 미리 그녀의 취향을 알아낸다. 과거에는 여자의 친구에게서 정보를 얻었다면, 요즘에는 인스타그램, 페이스북, 카카오스토리 등 SNS를 통해 정보를 얻는다. SNS에 올린 사진과 글, 댓글만 봐도 상대의 성향이나 취향을 쉽게 파악할 수 있어서다.

> 자동차 정비업체 직원인 30대 남성 D씨. 그는 상대 여성이 교회 봉사 활동 내용을 SNS에 올린 것을 보고 자신을 유복한 집안의 아들이자 목회자가 될 신학생으로 포장했다. 이를 통해 공감대를 형성한 후 시한부 인생이라고 동정심을 유발하며 여성에게 접근했다. 그녀뿐 아니라 다른 여성들에게도 '나는 재벌 2세이며 시한부 인생을 살고 있다. 마지막으로 진실한 사랑을 하고 싶다'라는 말을 자주 했다. 그리고 자동차 정비업체 종업원이라는 직업을 십분 이용해 만날 때마다 다른 외제 차를 가지고 나갔다.

대부분의 여성은 경제력을 드러내는 옷과 액세서리에 민감한 편이다. 어떤 브랜드 옷을 입었는지, 어떤 차를 가지고 있는지 관심 있게 살핀다. 반면 남성은 여성이 어떤 가방을 들고 왔는지, 어떤 옷을 입었는지 평상시에는 관심이 없다. 오직 미모에 영향을 미칠 때만 관심을 보일 뿐이다.

사기꾼은 상대 여성과 취향이 같은 것처럼 거짓말을 하면서 욕구를 자극한다. 경제력을 과시하기 위해 고급 외제 차를 몰거나 유명 브랜드 시계를 차기도 한다. 드라마 속 남자 주인공의 대표 직업이 되어버린 재벌 자제 행세를 하며 여성을 외제 차에 태우고는 고급 주택 앞에 내려 초인종을 누르는 시늉을 한다. 공범을 이용하면 더 쉽게 속는다. 초인종을 누르기 직전 운전기사 역할을 하는 공범이 갑자기 나타나 사기꾼이 데리고 온 여성을 집으로 데려다준다. 그뿐 아니라 데이트 초기에는 고급 레스토랑에서 만나고 값비싼 물건을 선물하는 등 여자의 환심을 사려고 노력한다. 사기꾼에게 2억 원을 뜯긴 피해 여성은 이렇게 말했다.

"그 남자와 처음 만나 3개월 동안은 공주처럼 대접받았어요. 틈틈이 선물하는 비싼 물건이며 이벤트는 내가 마치 영화 속 주인공이 된 것처럼 생각하게 만들었죠. 그 남자가 진짜 부자인 줄 알았어요."

사기꾼들은 능력 있는 남성으로 보이기 위해 학력을 속이고 남들이 알아주는 좋은 직장에 다니는 것처럼 위장한다. 자신감 있는 태도 역시 빼놓지 않는다. 실제로 검사 출신 변호사를 사칭해 여성들을 유혹하고 결혼 자금을 받아 가로챈 상습 사기꾼이 검거되기도 했다. 그는 실제 검사 출신 변호사의 학력과 경력을 인터넷 검색을 통해 파악했다. 그리고 상대 여성에게 신뢰감을 주기 위해 주로 법원과 검찰청이 밀집된 서초동에서 약속을 잡았다.

사기꾼들이 여성의 마음을 얻기 위해 능력만큼이나 자주 내세우는 것이 있다. 바로 헌신적인 태도다. 이들은 끈질긴 구애와 헌신으로 여성에게 호감을 사려고 노력한다. 늘 기다려주고, 문자나 전화로 자주 안부를 묻는다. 다 그런 것은 아니지만, 많은 여성들이 데이트 초기부터 남성의 행동을 통해 상대가 자신에게 헌신하고 있는지 여부를 판단한다. 여성에게 남자 친구는 또 다른 단짝 친구를 의미한다. 여성은 남성에게 동성 친구와 같이 바쁘더라도 자주 만나고 사소한 얘기를 도란도란 나누고 비밀을 공유하는 친밀함을 원한다. 따라서 여성이 남자 친구와 사귀면 자연스럽게 동성 친구와의 관계가 소홀해진다. 여성은 연애 초기에 자주 연락하고, 만나고, 남자 친구가 동성 친구처럼 행동해주길 원한다.

하지만 남성들은 대부분 이런 관계를 갑갑해한다. 다른 친구와 연락도 제대로 하지 못하고 만나서 놀지도 못하기 때문이다. 보통 남성은 연애 초기에는 여성이 기대하는 사람처럼 행동한다. 연락도 자주 하고 매일 만나면서 소소한 이야기를 나눈다. 하지만 관계가 진전되면 본성을 드러낸다. 갖가지 핑계를 대면서 연락도 뜸해지고 만나는 횟수도 줄어든다. 그러는 사이에 남성은 자신의 친구들과 어울리거나 놀러 다닌다. 이쯤 되면 여성은 남자 친구의 헌신을 의심하고 외로움을 느낀다. 그리고 이런 상태를 견디지 못하면 관계가 끝난다. 이것이 일반적인 연애 패턴이다.

하지만 사기꾼은 목적이 있기 때문에 상대의 마음을 완전히 빼앗아 사랑을 이루기까지 여성이 원하는 단짝 친구 역할을 충실히 한다. 이때 여성은 '이 남자는 다른 남자와 다르다'라고 착각한다. 사기꾼은 여성의 마음을 사기 위해 일부러 아이들을 좋아하는 척 행동하기도 한다. '아이 좋아하는 사람치고 나쁜 사람 없다'라는 말처럼, 아이를 좋아하는 모습을 통해 나중에 자기 자식을 잘 돌보리라는 착각을 심어줄 수 있기 때문이다.

'밀당', 결혼 사기를 방지할 수 있다

이렇게 상대의 마음을 온전히 얻었다면 이제 사기꾼은 어떤 행동을 취할까? 프로 사기꾼들은 연애 초기에 섣불리 자신의 목적을 내보이지 않는다. 어느 정도 관계가 진전되었을 때 비로소 돈 이야기를 꺼낸다. 실수로 말을 꺼낸 것처럼 연기하거나, 갑자기 어두운 표정을 지으면서 상대의 질문을 유도하기도 한다. 그러면서 힘든 상황을 슬쩍 노출한다. 특히 동정심 많은 여성의 특성을 역이용한다. 일단 적은 금액부터 시작한다. 사유는 다양하다. 갑자기 유동성 위기로 자금 회전에 문제가 있다든지, 좋은 투자처가 있다는 식으로 돈을 빌려달라고 한다. 결혼을 빙자할 경우에는 아파트 중도금, 차량 구입비, 예물 비용, 호텔 예식 계약금 명목으로 돈을 받아 가로채기도 한다.

냉정하게 생각하면 '경제력이 좋다면서 왜 돈을 빌리는 거지?' 하고 의심하는 것이 정상이다. 하지만 로맨스가 엮인 사기 사건에서는 이성이 제 기능을 발휘하지 못하는 경우가 많다. '어차피 결혼하면 함께 살 건데', '부부 공동 재산이 될 거잖아?' 하면서 쉽게 생각한다. 사기꾼은 여자뿐 아니라 상대의 가족이나 친척 등 주변 사람들의 자금까지 끌어들이기도 한다.

금전이 결부된 사건 역시 사기꾼이 남성이고, 피해자가 여성인 경우가 많다. 여성 사기꾼이 결혼을 미끼로 남성의 돈을 뜯는 경우는 드물고, 있다고 하더라도 여성 단독으로 남성을 속이는 경우는 거의 없다. 여성 혼자 남성을 속일 경우 남성의 폭력에 희생당할 가능성이 높기 때문에 대개 다른 남성이 개입되어 있는 경우가 많다.

또 남성은 결혼을 미끼로 돈을 빼앗거나 속이기도 하지만, 결혼하기 위해 속이기도 한다. 경제적 능력이 없거나 여성에게 헌신하는 성품이 아닐 경우 예나 지금이나 여성의 선택을 받기는 쉽지 않다. 하지만 이런 남성들 중에는 운명을 그대로 받아들이지 않고 선택받기 위해 거짓말을 하는 사람이 있다.

이렇게 해서 하는 결혼을 속칭 '사기 결혼'이라고 한다. 사기 결혼 역시 각종 거짓말이 난무한다. 뉴스에 나오는 것처럼 판·검사를 사칭하는 것만이 거짓말은 아니다. 중소기업에 다니면서 이름만 대면 알 만한 대기업에 다닌다고 하거나 연봉을 과장하는 것도 해당한다. 또 채무를 축소하거나 전셋집을 자기 소유라고 속이기도 한다. 심한 주사나 폭력적인 성향, 충동적인 소비 성향, 도박·주식 중독 성향이 있음에도 만나는 동안에는 상대 마음에 들도록 최선을 다하는 식이다. 이런 결혼 사기꾼들은 경제력을 과장하거나 본인의 성격을 숨기는 일 정도로는 양심의 가책을 느끼지 않는다. 다른 사람들도 그 정도는 한다면서 자신의 행동을 쉽게 합리화한다.

연애에서 흔히 쓰는 '밀당'은 '밀고 당긴다'의 줄임말이다. 여성의 신중하고 까다로운 심리를 반영한 것이기도 하다. 밀당은 연애 초기부터 시작된다. 때로는 상대방에게 잘해주다가도

때로는 차가운 반응을 보여 상대방을 긴장시킨다. 밀당은 연애 기간 중 주도권을 확보하고 연애 감정이 지속되도록 하는 기능을 한다.

그런데 얼핏 보기엔 단순히 주도권을 잡는 열쇠처럼 보이는 밀당이, 한발 더 깊이 들어가면 꽤 중요한 역할을 한다. 여성 입장에서는 밀당을 통해 남성의 본심을 쉽게 파악할 수 있다. 예를 들어 밀당하는 과정에서 성적 욕구를 해소하기 위해 접근하는 남성을 가려낼 수 있다. 순간적인 성욕 해소처럼 단기간 관계를 위해서라면 남성은 절대 오랜 시간을 투자하지 않는다. 또 아무리 자신의 성격과 의도를 숨기려고 해도 스트레스를 받는 상황에서는 본모습이 나오기 마련이다. 이런 상황에서 여성은 높은 기억력과 상대의 감정을 읽는 능력을 활용해 그동안 수집한 남성의 말과 행동을 곱씹어본다.

인간의 뇌는 좌뇌와 우뇌로 나뉘어 있으며 양쪽 뇌를 연결하는 신경섬유 다발인 '뇌량'이 있다. 여성의 뇌량은 남성에 비해 훨씬 넓다. 이 때문에 여성은 좌·우뇌를 동시에 활용하는 데 비해 남성의 뇌는 좌·우뇌가 서로 독립적으로 활동하는 것으로 알려져 있다. 또 사람은 우뇌를 통해 감정을 읽고 좌뇌를 통해 언어를 사용하는데, 여성은 이 두 가지를 동시에 할 수 있다. 남성이 아무리 눈치가 빠르고 센스가 뛰어나도 여성의 '촉'을 따라갈 수 없는 것도 뇌 구조의 차이 때문이다.

그러니 연애나 결혼을 전제로 만나는 상대에게 의구심이 든다면, 특히 남성의 결혼 사기가 의심된다면 기억하자. 초반에 보이는 경제력에 대한 신호와 헌신하는 태도는 전부가 아니다. 눈에 보이는 것에 압도되지 않을 때 상대의 실체를 좀 더 확실하게 알아볼 수 있다.

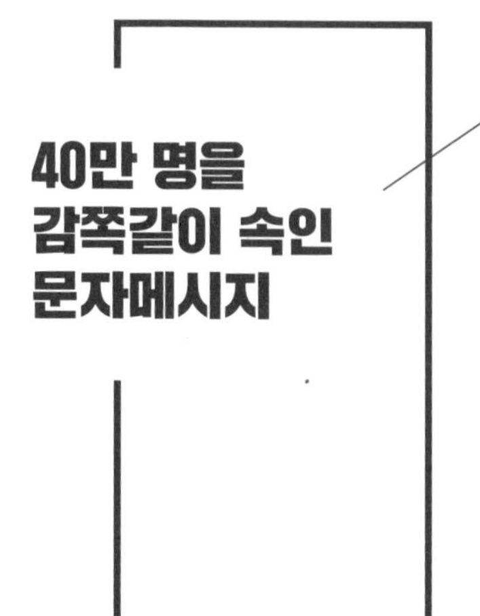

40만 명을 감쪽같이 속인 문자메시지

'저 민정인데요. 예전에 통화한…. 잘 모르시겠어요? 그럼 사진 하나 보내드릴까요?'

광고 카피가 아니다. 스마트폰이 보급되기 전인 2006년부터 2007년 사이, 역사상 단시간 내 가장 많은 사람을 한꺼번에 속인 문자메시지 내용이다. 무차별적으로 뿌려진 한 통의 문자메시지에 무려 40만 명이 확인 버튼을 눌렀다. 확인 버튼을 누르면 갑자기 이상한 사진이 뜬다. 속았다고 생각한 사람들은 바로 취소 버튼을 눌렀고, 그 일은 그렇게 지나가는 듯했다. 하지만 한

달 뒤 휴대전화 청구서에는 정보 이용료 2,990원이 찍혀 있었다. 3,000원 미만 소액 결제의 경우 인증 번호가 필요 없다는 허점을 이용한 범죄였다. 이 사건에서 피의자는 문자메시지 하나로 10억 원이 넘는 거금을 챙겼다.

흥미로운 점은 버튼을 누른 40만 명 중 남성이 압도적으로 많았다는 사실이다. 남성들이 '민정'이라는 흔한 이름 때문에 눌렀다고 생각할 수도 있다. 하지만 사기꾼이 '민정'이라는 여자 이름 대신 '민준'이라는 남자 이름을 썼다면 여성들도 남성들처럼 확인 버튼을 많이 눌렀을까?

여기서 잠깐 영화 〈건축학개론〉의 한 장면을 살펴보자. 대학교 1학년 남학생 승민은 동갑내기 여학생 서연을 좋아한다. 과제를 한다는 핑계로 둘이 같이 돌아다니기도 하는 사이다. 어느 날, 승민은 서연에게 줄 선물을 사서 그녀의 자취방으로 찾아간다. 그는 서연이 집에 없었던 탓에 밖에서 추위에 떨며 그녀를 기다리고 있었다. 그런데 서연은 자신이 오랫동안 좋아했던 남자 선배와 함께 술을 먹고 자취방으로 돌아왔다. 만취한 서연을 데리고 온 남자 선배는 그녀의 자취방 앞에서 술기운을 빌려 몇 차례 키스를 시도하지만, 그럴 때마다 서연은 거절했다. 이후 서연과 선배는 자취방으로 들어가고, 승민은 닫힌 문 앞에서 아무 소리도 듣지 못한다. 그날 이후 승민은 서연과 헤어진다.

당시 이 영화를 본 남녀 간의 생각은 판이했다. 영화에서 승민이 서연과 헤어진 것은, 서연이 남자 선배와 자취방에서 성관계를 가졌다고 생각했기 때문이었다. 실제로 많은 남성 관객들은 두 사람이 자취방에 들어간 후 아무 소리가 나지 않은 사실에 주목했다. 서로 합의하에 성관계를 했기 때문에 다툼이 없었고, 아무 소리도 나지 않았다고 생각했다. 그 때문에 남성 관객들은 승민에게 공감하며 서연과 헤어지기로 한 결정을 지지했다. 반면 여성 관객들은 영화에서 남자 선배가 키스를 하려고 시도했지만 서연이 거절한 부분에 주목했다. 또 당사자에게 직접 물어보지도 않고 헤어지는 것을 선택한 승민을 이해할 수 없다는 반응이 대부분이었다.

동일한 사실에 대해 이렇게 서로 다른 생각을 하는 이유는 무엇일까? 바로 남녀의 성 전략 차이를 들 수 있다. 여성은 '자식의 생존'에 관심을 두고 남성을 선택한다. 반면 남성은 생존 가능성이 높은 자식을 많이 낳는 여성을 선호한다. 한 명만 낳아 잘 키우는 것보다는 많이 낳아서 그중 몇 명이라도 생존하는 게 번식에 유리하기 때문이다.

이해관계가 다른 남녀는 상대를 선택할 때도 다른 기준으로 판단할 수밖에 없다. 출산한 자식의 생존을 중요시하는 여성은 남성의 경제력에 관심이 많다. 반면 생존 가능성이 높은 자손을 많이 낳고 싶어 하는 남성은 우성 유전자를 가진 젊은 여성을 선호한다. 그리고 이런 특징을 시각을 이용해 판단한다. 넓은 골반과 발달한 가슴 라인 등은 우성 유전자를 나타내는 지표임과 동시에 젊음을 상징한다.

남녀 간 성 전략의 또 다른 차이점은 남성은 상황에 따라 언제든 단기적 관계를 추구할 수 있다는 점이다. 번식이라는 문제를 해결하기 위해 장기적 관계에서 다산할 수 있는 젊은 여성을 선택했듯이, 남성은 다양한 여성과의 단기적 관계도 선호한다. 출산 횟수 면에서 보면 여성은 한 남성과 장기간 결혼 관계를 추구하든 여러 남성과 단기적 관계를 추구하든 별 차이가 없다. 어떤 남성의 아이를 낳든 여성의 출산 기간은 비슷하며, 낳을 수 있는 자녀의 수도 한정되어 있기 때문이다.

하지만 남성은 다르다. 남성이 여러 여성과 짧은 관계를 추구하는 것은 한 여성과 장기적 관계를 유지하는 것에 비해 자식 수를 늘리는 데 이득이 많다. 이런 생각의 차이는 결혼 정보 회사와 클럽에 가면 쉽게 확인할 수 있다. 결혼 정보 회사같이 장기적 관계를 추구하는 곳은 여성 비율이 압도적으로 많고, 짧은 만남을 추구하는 클럽에 가면 남성 비율이 압도적으로 많다. 이처럼 단기적 관계를 선호하는 남성의 성향은 문화와 상관없이 전 세계에 공통적으로 나타난다.

남성은 나이에 대해서도 여성보다 관대한 편이다. 1967년 제작되어 아직까지 수작으로 평가받는 영화 〈졸업The Graduate〉에서, 대학을 갓 졸업한 청년 벤저민은 친구의 어머니인 로빈슨 부인의 유혹에 빠진다. 반면 여성의 경우, 자신보다 외모나 학벌 등 여러 조건이 떨어지는 여성과 바람을 피우는 남성 배우자나 애인을 이해하지 못한다.

남성이 더 쉽게, 더 많이 착각하는 이유

진화심리학자 브루스 엘리스Bruce Ellis와 도널드 시먼스Donald Symons의 연구[15]에 따르면, 남성은 여성보다 더 자주, 더 오래 상대에 대한 성적 환상을 품는다고 한다. 남성은 모르는 상대에게도 성적 환상을 품는다. 그래서 성과 관련된 남성의 꿈에는 모르는 여성이 자주 등장한다. 내용도 성관계 중심으로 전개되는 경우가 많다. 거기에는 연애나 대화, 로맨스, 극적인 이야기가 없다. 줄거리도 없이 바로 성행위에 들어가는 하드코어 포르노와 비슷하다. 반면 여성이 좋아하는 로맨스 소설에서 성적 묘사는 '흔들리는 촛불, 활처럼 휘는 허리' 등 간접적이고 은유적으로 표현된다.

성욕이 큰 남성은 상대방이 자신에게 성적으로 관심이 있다고 착각하는 경향도 여성에 비해 훨씬 강하다. 이것을 '성적 과지각성sexual over-perception bias'이라고 한다. 뇌에서 섹스를 담당하는 부위는 남성이 여성에 비해 두 배나 크며, 남성호르몬인 테스토스테론은 섹스에 대한 관심을 높이는 뇌 영역을 강화한다. 덕분에 남성은 여성이 '힐끗' 쳐다보는 것만으로도 자신을 좋아한다고 쉽게 착각한다. 여성의 연락처를 알아냈다는 사실만으로 그 여성과 사귀는 상상의 나래를 펼치거나, 여성 동료가 의미 없이 던진 말을 듣고 그녀가 자신을 좋아한다고 착각하는 것도 같은 맥락이다.

남성은 성적 과지각성 때문에 남녀 사이에 친구 관계는 존재하기 어렵다고 생각하는 경향이 크다. 영화 〈해리가 샐리를 만났을 때When Harry Met Sally〉에서 여자 주인공 샐리는 성별이 달라도 성관계와 상관없는 친구 사이가 존재할 수 있다고 주장하지만, 남자 주인공 해리는 이를 반박한다.

남성의 성적 과지각성은 강간과 성추행 등 성범죄 수사에서도 흔히 나타난다. 가해자인 남성의 주장과 피해자인 여성의 주장이 대립하는데, 이들은 성관계 자체에 대해서는 서로 인정하지만 강제성을 두고 엇갈린 주장을 한다. 주요 쟁점은 여성의 신호를 어떻게 해석하느냐다. 피해 여성의 연령, 가해 남성과의 관계, 행위에 이르게 된 경위, 범행 당시 정황 등을 종합적으로 고려해서 판단하지만, 법원조차 심급에 따라 해석을 달리하는 경우를 종종 볼 수 있다[16]. 이런 사건에서도 남성은 기본적으로 여성의 신호를 과하게 해석하려는 경향이 높다.

남성의 높은 성욕은 연애와 관련해 남성이 후회하는 지점에서도 찾아볼 수 있다. 남성은 여성을 상대로 적극적으로 행동하지 못한 데 대해 후회를 많이 한다. 이루지 못한 첫사랑을 그리워하는 이유도 비슷하다. '좀 더 적극적으로 행동했다면 그녀와 결혼했을 텐데', '그녀와 결혼했더라면 인생이 크게 달라졌을 텐데'라고 생각하는 식이다[17]. 또 과거 여성이 보낸 성적 신호를 읽지 못한 것을 후회하기도 한다. 전에 어느 지인이 이렇게 말한 적이 있다.

"별로 친하지 않은 여자 후배와 저녁을 먹고 술을 마셨어. 후배가 무섭다고 해서 집 앞까지 데려다줬어. 집에 들어와 차 한잔 하라고 했는데 바보같이 그냥 왔지 뭐야!"

그러면서 지금 생각해보니 '집에 들어와 차 한잔하라'는 말은 성관계를 허락한다는 뜻인데 그것을 몰랐다면서 술 마실 때마다 두고두고 후회하는 발언을 했다. 물론 커다란 착각이다. 차 한잔하자는 말이 그런 뜻이라는 보장은 없으니 말이다.

이제 수십만 명의 남성들이 '저 민정인데요…'로 시작하는 문자메시지에 속은 이유를 유추할 수 있을 것이다. 혹시 예전에 헤어졌거나 클럽에서 만난 여자, 모임에서 만난 여자가 나를 좋아하는 게 아닐까? 전화해서 한번 만나볼까? 이런 착각을 하며 확인 버튼을 누른 것이다.

성적 욕망과 착각이 만났을 때

상대에게 매력을 느낄 때 작용하는 뇌 부위는 변연계다. 변연계는 기억과 감정, 호르몬을 조절하는 중앙 부위다. 변연계가 활성화될수록 뇌에서 이성을 담당하는 대뇌피질은 제 기능을 하지 못한다. 매력적인 여성을 봤을 때 남성 뇌의 시각 영역이 활성화되면서 감정이 이성을 압도한다. 배우자나 애인이 곁에 있음에도 눈이 자동으로 그녀를 따라가는 것도 이런 이유 때문이다.

그러다 보니 클럽 같은 곳에서는 남성을 속이기가 더 쉽다. 특히 클럽 내 남녀 간 숫자의 불균형은 남성들의 경쟁을 부추긴다. 부킹에 성공하기 어려운 상황에서 남성이 생각하기에 '적극적인 반응-눈 맞춤, 눈웃음, 여자의 호응, 칭찬, 약간의 스킨십-'은 남성으로 하여금 쉽게 착각에 빠지도록 한다.

특히 술과 음악으로 흥분된 상태라면 더할 나위 없다. 술은 자신감이 없는 남성도 자신 있게 만들어준다. 이때 2차로 다른 술집에 가자는 여성의 제안은 남성에게는 하룻밤 성관계를 연상하게 만든다. 짧은 만남에서도 여성의 선택을 받기 위해 부와 능력을 과장하거나 과시한다. 평상시에는 돈 한 푼 쓰지 않는 남성도 이럴 때는 재벌인 양 돈을 펑펑 쓰곤 한다. 실제로 술집을 운영하는 어떤 사장은 이런 남성 손님들의 성향을 이용해 바가지를 씌우기도 했다. 여성 아르바이트생을 고용해 클럽에서 남성들을 꾀어 자신의 술집으로 데려오게 한 뒤 바가지를 씌운 것이다. 계산서가 나오기 전까지 남성들은 속았다는 사실을 전혀 알아채지 못했다. 돈에 연연하지 않는 모습을 보이기 위해 술과 안주를 시킬 때도 가격을 보지 않고 여성들에게 고르라고 했기 때문이다.

남성의 성적 욕망을 이용한 속임수는 클럽이나 술집 같은 곳에서만 통하는 것은 아니다.

20대 중반 남성인 E씨는 어느 날 한 통의 이메일을 받았다. 구미에 사는 23세 여성인데 대화를 나누고 싶다는 내용이었다. 호기심이 발동한 E씨는 답장을 보냈고, 그 여성과 주기적으로 이메일과 메시지를 주고받는 사이가 되었다. 여성이 자기 모습이라며 보낸 사진을 보니 꽤 호감 가는 얼굴이었다. 그러던 어느 날, E씨는 메신저를 통해 여성의 동생이 갑작스러운 교통사고를 당했다는 소식을 들었다. 그녀는 병원비가 부족하다면서 50만 원만 빌려주면 며칠 내로 원금과 이자를 함께 갚겠다고 했다. 측은한 마음에 입금을 했으나 이후 그녀는 연락을 끊었다.

위 사례에서 구미에 사는 23세 여성은 실제로는 남성으로, 인터넷에 돌아다니는 사진을 보내 상대를 속였다. 돈을 뜯어내기 위해 E의 동정심과 성적 과지각성을 악용한 것이다. E뿐 아니라 피의자에게 돈을 보내준 남성들 대부분은 가짜 여성의 사진에 호감을 가지고 있었다. 급할 때 도와주면 나중에 만날 수도 있을 거라는 기대와 함께 말이다.

얼마 전에는 '분윳값 4만 원 보내주실 분'이라는 제목의 글이 인터넷 채팅 사이트에 올라왔다. 글쓴이는 본인을 이혼녀라고 소개하며, 아기 분윳값이 없는데 돈을 보내주면 무슨 짓을 해서라도 갚겠다고 했다. 그러면서 '우선 돈을 보내주면 분유를 사서 먹이고 다섯 시간 후에 만나주겠다'라는 야릇한 내용의 글을 남겼다. 노골적인 성적 암시로 단시간 내 무려 270명이나 되는 남성이 돈을 입금했다.

여성 손님을 대상으로 한 호스트바도 많아졌지만, 여전히 성산업의 고객은 대부분 남성이다. 성매매특별법 시행에 따라 집창촌이 사라진 대신 성매매는 더욱 은밀하게 이루어지고 있다. 끊이지 않는 수요는 새로운 공급 형태를 만들었다. 업주와 남성을 사이버상에서 직접 연결해주는 성매매 포털 사이트도 생겼다. 업소별로 광고비를 받아 홍보하고 성매매 여성의 나이, 신체뿐 아니라 업소 탐방기를 실어 남성의 성적 환상을 자극한다. 하루에도 몇 번씩 성매매를 암시하는 제목의 이메일과 SNS 메시지가 남성을 유혹한다. 그러나 사기꾼들은 때때로 남성의 성적 환상을 채워줄 것처럼 신호를 보내면서 돈만 가로챈다.

성관계를 미끼로 한 범죄는 사기에만 국한되지 않는다. 클럽에서 만나 하룻밤을 같이 보낸 다음, 여성이 임신했다면서 임신중절 수술비로 거액을 요구하는 사건도 있다. 또 채팅을 통해 돈을 받고 성관계를 맺기로 합의한 후, 모텔에서 남성이 샤워하는 순간을 틈타 돈과 카드를 훔쳐 달아나는 경우도 있다. 신분이 확실하고 직업이 번듯한 유부남에게 우연히 만난 듯이 접근해 관계를 맺은 후, 가족이나 직장에 알리겠다고 협박해서 돈을 뜯어내기도 한다. 이런 범죄 역시 여성 혼자 벌이기는 위험하기 때문에 배후에 다른 남성들이 있는 경우가 대부분이다.

남성만으로 이루어진 조직일수록 성적 농담의 강도가 세다. 높은 성욕과 그에 따른 성적 과지각성 때문에 사내 성희롱 가해자도 대부분 남성이다. 사기꾼들은 이런 점을 이용해 성관계를 암시하면서 돈을 뜯어내려고 한다.

이런 속임수에 넘어가지 않으려면 남성 스스로가 성적으로 쉽게 착각한다는 사실을 알고 있어야 한다. 자신의 욕구를 똑바로 알면 상대가 던진 미끼에 쉽게 흥분하지 않는다. 그리고 돈을 뜯을 목적으로 접근하는 것인지, 정말로 관심이 있는지, 자신이 오해하는 것은 아닌지 여부를 좀 더 객관적으로 판단할 수 있다.

술을 먹었을 때는 더욱 주의해야 한다. 술에 취해 흥분했을 때 이성은 감정의 고삐를 잡지 못한다. 그러면 더 빨리, 더 쉽게 분위기에 취해 잘못된 길로 빠져들 가능성이 높다. 술자리에서 성추행이나 성희롱이 빈번하게 발생하는 이유이기도 하다. 과거에는 '어쩌다가 술자리에서 실수한 것'이라며 쉽게 용인하는 분위기였지만, 요즘은 오히려 엄하게 처벌한다. 또 법적으로는 처벌받지 않는다 하더라도 자신이 속한 사회에서 손가락질당하거나 대중에게 신상이 밝혀지기도 하니 더욱 조심해야 한다.

'착각은 자유'라는 말이 있지만, 그 자유의 대가는 생각보다 무시무시하다. 한 사람의 물질적, 경제적 기반을 무너뜨리는 것은 물론, 평생 정신적 피해로 이어질 수도 있다. 피의자가 아닌 피해자의 '사회적 생명'을 끊어놓을 수도 있다. 그러니 타인이 보내는 신호를 잘못 읽고 엉뚱하게 해석하지 않도록 조심하자.

Part 3

익숙해서 고민하지 않는 사람들

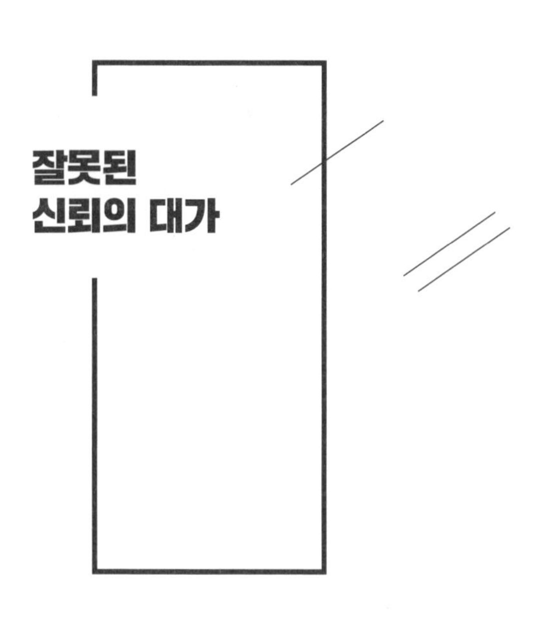

잘못된 신뢰의 대가

아들과 어머니 이야기

— 아들 이야기

오늘도 아침부터 발길은 도서관으로 향한다. 대학 졸업 후 벌써 2년째다. 아직도 취업 준비를 하고 있는 내 모습이 한심해 보인다. 어려운 살림에 뒷바라지하는 부모님 생각을 하면 빨리 취직하고 싶지만, 취업의 문턱은 높기만 하다.

얼마 전 점심을 먹다가 친구가 주식 투자로 재미를 봤다는 소식을 들었다. 증시가 좋아 잘만 하면 돈을 불릴 좋은 기회라는 말에 자극을 받았다. 경제 상식을 공부할 겸 간간이 주식 책이나 경제 전문 케이블TV 방송을 보았다. 우량주를 살까 하다가 때마침 대선이 코앞이고, TV에 나온 전문가 또한 앞으로 '정치 테마주'가 잘나갈 것이라고 해 귀가 솔깃해졌다. 통장을 보니 딱 500만 원이 있었다. 군 제대 후 힘들게 아르바이트해서 모은 돈이었지만, 망설이지 않고 모두 정치 테마주를 사는 데 썼다. 그런데 기대가 실망으로 변하는 데는 긴 시간이 필요하지 않았다. 그때까지만 해도 계속 오르던 주가는 며칠 후부터 곤두박질치기 시작했다. 어느 정도 하락했을 때 손해를 보더라도 팔아야 했지만, 전문가가 추천했으니 곧 오르겠지, 하는 생각에 팔 수 있는 타이밍을 놓쳤다. 이제는 너무 많이 떨어져 거의 포기한 상태다. 가족들 얼굴이 떠올랐다.

휴대전화가 울려 살펴보니 대학 선배였다. 학교 다닐 때는 친하지 않았는데, 최근 사흘에 한 번꼴로 연락이 와서 친해졌다. 취업 준비생인 내 사정을 잘 이해해주었고, 자기도 같은 처지라 그 마음을 안다며 위로해주곤 했다.

"형, 오늘은 어쩐 일이세요?"

"한 달짜리 아르바이트 자리가 있는데 할 수 있어? 보수도 괜찮고 스펙 쌓는 데도 도움이 될 거라 네 생각이 나더라고."

즉시 하겠다고 대답했다. 주식 투자로 잃은 돈도 어느 정도 만

회할 좋은 기회로 보였다. 이틀 후 서울로 올라가 버스 터미널에서 만나기로 했다.

취직 공부나 하지 무슨 아르바이트를 하러 가느냐는 어머니의 타박을 뒤로한 채 버스 터미널에 도착했다. 약속 시간보다 일찍 도착해 역 안을 걷고 있는데 양복을 입은 말쑥한 중년 아저씨가 다가와 말을 걸었다. 자신을 부산에 있는 유명 사립대학교 교수라고 소개했다. 그러면서 지금 서울에서 세미나를 마치고 돌아가는 길인데 지갑과 휴대전화를 잃어버렸다고 했다. 차비를 빌려주면 부산으로 돌아가 빌린 돈에 이자까지 쳐서 꼭 갚겠다고 말했다. '대학교수인데 설마 거짓말을 하겠어? 나중에 이자까지 쳐서 꼭 갚아주겠지' 하는 기대감에 큰 의심 없이 휴대전화 번호와 계좌 번호, 그리고 현금 10만 원을 그 남자에게 건넸다. 남을 도와주었다는 생각에 기분도 좋아졌다.

— 어머니 이야기

남편은 최근 명예퇴직을 했고 큰아들은 대학 졸업 후 2년째 취업 준비 중이다. 막내는 고 3인데 최근 성적이 오르지 않아 고민이다. 당장 눈앞에 닥친 현실뿐 아니라 앞으로 어떻게 생활해야 할지 막막하다.

걱정을 뒤로한 채 장을 보러 갔다. 가는 길에 '황금 지역 상가 분양'이라는 간판이 보였다. 전단과 함께 음료수를 나눠주고 있었다. 마침 목이 마른 참이라 음료수나 받을 겸 행사장에 들어갔다. 받은 전단을 살펴보고 있는데, 말쑥한 정장 차림을 한 청년이 다가왔다. 명함과 함께 자신을 분양회사 '과장'이라고 소개했다.

"어머니, 상가를 분양받으면 투자금의 8~10% 수익을 얻을 수 있어요. 분양 안 받으셔도 좋으니 사무실로 들어가 한번 둘러나 보시겠어요?"

최근 받은 남편의 퇴직금으로 뭘 해야 할지 고민하던 차에 이야기라도 한번 들어보자는 생각이 들었다. 사무실에 들어갔더니 사람들이 가득했다. 중년 남자가 다가오더니 자신을 '부장'이라고 소개했다. 상가 분양에 대한 설명을 들어보니 꽤 그럴싸해 보였다. 부장은 현재 분양이 거의 다 되어서 물량이 얼마 안 남았다고 했다. 만약 지금 선택하지 않으면 다른 사람과 계약할 수밖에 없다는 말을 들으니 조바심이 났다. 결국 음료수를 받으러 들어갔다가 계약서에 도장을 찍었다. 내심 불안했지만 이렇게 많은 사람들이 선택한 것이니 별문제는 없겠지, 하는 생각에 분양 사무실을 나섰다.

집에 돌아와 보니 취업 준비 중인 아들이 한 달 동안 아르바이트를 하기 위해 서울에 간다고 말했다. 없는 살림에 오랜 기간 취업을 준비해왔으니 부담스러운 모양이다. 그래도 아르바이트보다는 취업에 집중하는 게 나을 것 같아서 말려보았지만, 취직에도 도움이 되는 아르바이트라고 하기에 허락해주었다.

오후에 같은 동네에 사는 고교 동창에게서 전화가 왔다. 근처에서 전기 치료기 무료 체험 행사를 하는데 같이 가지 않겠느냐는 것이다. 친구 말로는 행사장에 가더라도 기기는 살 필요가 없다고 했다. 할 일도 없는데 재미있을 것 같아 내일 같이 가보기로 했다.

아들과 어머니는 어떻게 되었을까? 그들의 운명을 살펴보기 전에 이들 모자에게서 하나의 공통점을 발견할 수 있다. 그것은 '남의 말을 너무 잘 믿는다'는 것이다. 별다른 경계심 없이 다른 사람의 말을 잘 믿은 결과 이들은 어떻게 되었을까?

아들은 TV에 나온 전문가의 말을 믿고 정치 테마주를 샀다. 그 전문가는 사실 사설 투자가로 인터넷에서 제법 이름을 날린 사람에 불과했다. PD와 연줄이 닿아 TV에 출연했을 뿐이다. 그는 방송 전 저가에 구입한 주식을 자신이 출연한 방송에서 정치 테마주라는 이름으로 띄워 시청자들이 사도록 유도했다. 이후 주가가 오르자 자신은 비싼 값에 주식을 처분했다. 아들은 이런 전문가의 말을 믿고 수중에 있는 돈을 다 잃었다.

게다가 잃은 돈을 만회하기 위해 아르바이트를 하러 가는 길에 대학교수를 사칭하는 사기꾼을 만났다. 유명 대학교수라는 말에 속아 10만 원도 잃게 되었다. 사기꾼은 믿을 만한 사람처럼 행동한 후 먼저 돈을 주면 후사하겠다는 방법으로 간단히 속였다.

마지막으로 아들이 하기로 한 아르바이트를 살펴보자. 아들은 회원 모집에 혈안이 된 선배의 꼬임에 빠져 다단계 업체의 교육장으로 갈 가능성이 높다. 다단계 업체의 판매원이 된다면 최소 2,000만~5,000만 원을 추가로 잃을 뿐만 아니라, 취업에서 매우 중요한 6개월에서 1년이라는 기간을 허비할 가능성이 높다.

어머니도 아들과 별반 다르지 않다. 지나가다가 들른 분양 사무실의 과장과 부장이라는 직급에 먼저 신뢰감을 느꼈다. 그리고 분양 물량이 얼마 남지 않았다는 거짓말에 너무 쉽게 속아 넘어갔다. 그 결과 남편의 퇴직금을 모두 날릴 위기에 처했다. 마지막으로 동창의 말을 믿고 간 전기 치료기 홍보관에서 수백만 원에 달하는 엉터리 제품을 구입할 가능성도 높다.

잘못된 신뢰의 대가는 혹독하다. 아들은 제대로 된 직장을 잡지 못해 저임금 비정규직으로 사회에 첫발을 내딛을 가능성이 높다. 남편의 명예퇴직금을 날린 어머니도 내년에 대학에 들어갈 둘째 아이의 등록금을 제대로 낼 수 있을지, 자식들은 앞으로 어떻게 결혼시킬지, 여생은 뭘 하며 살지 걱정스러운 나날을 보낼 가능성이 높다.

수사 기관에는 이들처럼 잘못된 신뢰로 피해를 본 사람들이 차고 넘친다. 시장에서 장사를 하다가 거래하던 보험 설계사의 꼬임에 빠져 그간 모아둔 전 재산을 날린 중년 여성은 이렇게 한탄했다.

"돈만 생기면 도박하고 때리는 남편에게 속아서 결혼했어요. 겨우 입에 풀칠 좀 하나 했더니 이번에는 보험 설계사에게 속았어요. 남을 믿은 게 죕니까?"

이 여성을 속인 보험 설계사는 결국 처벌받았지만, 그동안 투자한 돈을 받을 길은 없어 보였다. 평생 모은 재산을 꼬임 때문에 허무하게 날린 것이다.

남을 믿는 게 죄는 아니다. 하지만 무턱대고 남을 믿는 것은 어마어마한 피해로 이어질 수 있다. 모든 것의 시작은 잘못된 사람을 믿었기 때문이다.

익숙해서 고민하지 않는 사람들

당신의 방어막은 작동하고 있습니까?

낚시꾼은 물고기를 유인하기 위해 미끼를 던진다. 사기꾼도 마찬가지다. 상대가 좋아하는 미끼일수록 걸려들 확률이 높다. 취업 준비생에게는 그럴싸한 직장이나 아르바이트 자리를 제안하고, 돈 때문에 걱정하는 사람에게는 고수익을 보장하는 투자를 권유한다. '미끼에 반응하는 순간 사기의 70%가 완성된다'라고 할 정도로 속임수에서 미끼는 중요한 역할을 한다. 하지만 사람은 물고기와 다른 점이 있다. 아무리 좋아하는 미끼라 하더라도 미끼를 던진 사람을 보면서 반응한다는 점이다. 다음 두 가지 사례를 보자.

— 사례 1

길을 걸어가는데 한 여자가 다가왔다. 여자는 내 눈을 쳐다보면서 "안녕하세요"라고 반갑게 인사했다. 혹시 아는 여자인가 하면서 자세히 보았지만 낯선 얼굴이었다.

"어머, 인상이 참 좋으세요. 평소에 인상 좋다는 말을 자주 듣지 않으셨나요?"

당황했지만 듣기 싫은 말은 아니었다. 순간 나에게 관심이 있어서 말을 건 것인가, 하는 생각이 들었다. 여자는 미소 지으며 물었다.

"잠시 시간 좀 내주실 수 있으세요?"

— 사례 2

대학교에 합격한 후 단과대학 건물을 찾고 있는데 한 여자가 다가왔다.

"신입생이신가 봐요?"

내 옷차림이나 분위기를 보고 짐작한 것 같았다. 어느 학과에 합격했느냐고 물어보면서 자신을 다른 과에 다니는 선배라고 했다. 그녀는 어디로 가느냐고 친절하게 물어봐준 것은 물론, 내가 가려는 건물까지 데려다주었다. 친절은 거기에서 그치지 않았다. 서류를 다 받을 때까지 기다려준 다음 학교 근처 유명한 카페에 데려갔다. 이 선배의 친절은 입학 후에도 계속되었다. 그러던 중 선배가 저녁에 한번 시간을 내서 모임에 가자고 제안했다.

당신이라면 누구를 따라갈 것인가? 대부분은 길에서 만난 낯선 여자보다 학교에서 만난 선배를 따라갈 확률이 높다. 이 사례는 신흥 종교 집단에서 자주 쓰는 포교 방식이다. 실제로도 1번보다는 2번 방식이 훨씬 효과적이었다. 사람들은 길거리에서 만난 낯선 여자보다는 같은 대학 선배를 더 믿은 것이다.

신뢰란 무엇일까? 에드거 샤인Edgar Schein MIT 명예교수는 '상대방이 나를 이용하지 않거나, 내가 이야기한 정보를 나에게 불리하게 사용하지 않는다고 믿는 것'이라고 정의했다[18]. 결국 상대를 신뢰한다는 것은 자신의 이익을 위해 나를 이용하지 않을 것이라고 믿는 것이다. 실제로 사람들은 가족이나 동창, 선후배 등 원래 알고 있던 이를 신뢰한다. 이들이 자신을 위해 나를 이용하지 않을 것이라고 생각하기 때문이다. 반면 낯선 상대에 대해서는 경계심을 높인다.

경계심이 높아지면 거래조차 이뤄지지 않을 때가 있다. 이런 인간 심리를 잘 아는 상인들은 물건을 팔기 전에 상대의 신뢰를 얻는 단계를 먼저 거친다. 오랜 역사를 지닌 이슬람 전통 시장인 바자르bazaar에서는 손님이 상점에 들어오면 물건을 팔기에 앞서 무조건 차와 커피를 대접해 친근감부터 형성한다. 협상할 때도 본격적으로 의논하기에 앞서 잡담을 통해 상대의 관심사를 파악한다. 별것 아닌 것처럼 보여도 협상 타결률을 5~6배 높일 정도로 효과가 크다.

이는 수사 과정에서도 마찬가지다. 수사관은 상대가 조사실에 들어오자마자 무턱대고 조사를 시작하지 않는다. 공통 관심사를 이야기하면서 상대의 긴장을 풀어준다. 그와 동시에 담당 수사관이 믿을 만한 사람이라는 인상을 주도록 노력한다. '우리 편'이라는 인식을 심어주면 나중에 상대를 쉽게 설득할 수 있다.

신뢰를 얻으려면 경계심이라는 방어막을 통과해야 한다. 사람들은 낯선 상대가 던진 미끼는 거들떠보지도 않거나 매우 조심스럽게 살펴본다. 낯선 브랜드의 제품이나 특이한 물건을 구입할 때 어떻게 하는가? 성분 표시도 자세히 보고 금방 고장 나는 게 아닌가 의심해 다른 구매자의 평도 검색한다. 반면 익숙한 브랜드 제품이나 전에 써본 제품을 구입할 경우 이런 과정은 생략된다. 기업들이 신제품을 출시할 때 대대적으로 광고하는 이유는 고객에게 익숙함을 주기 위해서다.

'인지적 편안함'의 함정

결국 경계심을 풀기 위해서는 상대에게 '익숙함'을 주어야 한다. 익숙하다는 의미는 깊이 생각하지 않아도 되는 상황을 말한다. 사람들은 익숙한 것을 진실이라고 생각한다. 노벨 경제학상 수상자인 대니얼 카너먼Daniel Kahneman 교수는 이를 '인지적 편안함cognitive ease'이라는 말로 설명했다[19]. 이는 '깊이 생각하지 않는 상태'를 의미하는 것으로, 상대의 말이 진실하다고 믿었을 때 뇌의 활동량은 줄어든다.

앞의 사례 2에서 여자는 대학교 새내기의 경계심을 낮추기 위해 같은 학교 선배라는 공통점을 강조했다. 몇 번 만나면서 낯선 선배는 이제 아는 사람이 되었다. 실제로는 대학 선배가 아니었지만, 신입생이 그 사실을 알 리 없다. 여자는 친근감을 쌓은 뒤 신입생이 경계심을 푼 것을 확인하고 그제야 종교 모임에 가자고 권유했다.

물론 아는 사람이 던진 미끼에 모든 사람이 반응하는 것은 아니다. 익숙한 미끼일수록 더 큰 반응을 보인다. 사기꾼이 던진 미끼는 대개 이야기 형식을 띤다. 익숙한 이야기는 크게 두 가지 특징이 있다. 첫째, 내용을 보면 개가 사람을 물었다는 것처럼 언제 어디서나 쉽게 들었을 법한 이야기다. 둘째, 이야기 구조로 볼 때 원인과 결과가 명확하다. 예전에 삼국시대를 다룬 역사책을 다 읽은 딸에게 고구려가 멸망한 이유를 물었다. 딸의 대답은 의외로 간단했다.

"연개소문의 아들들이 서로 싸워서잖아?"

한 나라의 흥망성쇠에는 수많은 사건과 그에 따른 문제가 복잡하게 연결되어 있다. 고구려 멸망 역시 수·당나라와의 잦은 전투에 따른 국력 소모 등 다른 많은 요인이 있음에도, 역사책의 설명은 지극히 단순하고 명쾌했다.

우리는 이런 이야기를 잘 믿고 좋아한다. 우리가 좋아하는 영화나 드라마도 기승전결을 갖추고 사건 발생의 원인과 결론을 명확하게 보여준다. 〈어벤져스〉, 〈트랜스포머〉 같은 액션 영화는 원인과 결과를 영화 중반에 미리 다 알려준다. 그리고 나머지 시간은 문제를 해결하려는 주인공의 액션으로 채운다. 반면 결론이 명확하게 드러나지 않는 영화의 경우, 마지막 장면을 보면서 대부분 '이게 끝이야?'라는 찝찝한 마음으로 영화관을 나선다. 사람들은 원인과 결과가 불명확하고 복잡한 이야기를 싫어한다. 이해하기도 어려울 뿐 아니라 기억하기도 어려워서다.

그렇기 때문에 속임수에 사용하는 이야기는 어디서 들었을 법한 내용에 단순하며 명쾌하다. 고속도로 휴게소에 가면 '백화점에 납품하다가 물건이 남아서 20만 원짜리를 떨이로 5만 원에 판다'는 사람을 종종 만날 수 있다. 사실 백화점 납품 제품이 아니지만, 사람들은 단순하고 그럴싸한 이야기에 속는다. '어미 돼지 한 마리당 500만~600만 원 투자하면 새끼 돼지 20마리를 낳아 연 30~60% 수익을 낼 수 있다'라는 말 역시 그럴싸하면서도 단순하고 명쾌하다. 만약 이 이야기가 맞는다면 돼지 농장을 하는 사람들은 전부 재벌이 되었을 것이다. 하지만 듣는 사람은 그렇게 깊게 생각하지 않는다. 사기꾼은 이 점을 노린다.

아리스토텔레스는 누군가를 설득할 때 이토스(호의·인간적 측면), 파토스(감정), 로고스(논리), 이 세 가지 요소가 중요하다고 말했다. 이 중 가장 중요한 것을 이토스, 즉 말하는 사람의 인간적 측면이라고 말했다. 이렇듯 사람들은 오래전부터 누군가를 설득할 때 화자의 신뢰도가 가장 중요하다는 것을 간파하고 있었다.

우리는 아는 사람들을 믿고 그들의 익숙한 이야기에 반응을 보이지만, 그렇다고 꼭 아는 사람 말만 신뢰하지는 않는다. 속임수에 당한 아들과 어머니 이야기를 다시 떠올려보자. 아들은 아는 사람인 선배의 말 외에도 TV에 나온 주식 전문가, 부산 유명 사립대 교수라고 사칭하는 사람의 말도 믿었다. 어머니도 마찬가지다. 고교 동창생의 말 외에 분양회사 과장과 부장의 말도 믿었다. 이들은 아는 사람이 아니지만, 사회적으로 존경받는 직위에 있거나 전문가처럼 보였다. 이처럼 사기꾼들은 상대를 속이기 위해 권력과 직위에 민감한 인간의 심리를 이용한다. 이제부터 본격적으로 사람들은 어떤 유형의 사람을 잘 믿는지, 그리고 사기꾼은 어떤 방식으로 믿게 만드는지 자세히 살펴보기로 하자.

때로는 아는 사람이 더 무서운 법이다

안 좋은 일을 당했을 때 의지하고 싶은 마음에 찾는 사람이 있다. 병원이나 검찰청, 경찰서에 갈 일이 있으면 특히 '이 사람'을 찾으라는 우스갯소리가 있을 정도다. '이 사람'은 누구일까? 바로 '아는 사람'이다.

업무가 체계화되어 있지 않고 담당자의 재량이 많았던 시대에 아는 사람은 꽤 유용했다. 효과적인 해결 방법을 알려주고 나름대로 편의도 봐줄 수 있었다. 하지만 절차가 투명해지고 담당자의 재량이 축소되면서 아는 사람 효과는 점점 줄어들고 있다.

그럼에도 아는 사람을 찾는 심리는 크게 달라지지 않은 것 같다. 여전히 아는 사람은 우리에게 '슈퍼맨' 같은 존재다. 아낌없이 조언해주고 어려운 일이 있으면 발 벗고 나서줄 것 같기 때문이다.

일전에 수사했던 사건의 피해자 중 사업에 실패하고 어렵게 살던 50대 남성이 있었다. 그는 어느 날 30여 년간 알고 지내던 고등학교 친구에게 회사 대표 자리를 제의받았다고 했다. 친구는 '내가 시키는 대로 하면 어려움에서 벗어나 여생을 편안하게 보낼 수 있다'라며 설득했고, 어려운 형편에 처한 자신을 도와주겠다는 친구가 고마워 제안을 덥석 받아들였다. 하지만 친구는 그를 허수아비 대표이사로 내세운 다음 회사 돈을 몰래 빼돌렸다. 그리고 책임은 모두 그에게 뒤집어씌웠다. 오랜 친구이기 때문에 무턱대고 믿은 결과가 이렇게 돌아온 것이다.

우리는 왜 아는 사람을 더 잘 믿을까

사람들은 왜 아는 사람을 더 잘 믿을까? 해답은 우리 선조들의 생활에서 찾을 수 있다. 인간은 본격적으로 문명이 발달하기 전 오랫동안 50~150명 안팎의 소집단을 이루면서 생활해왔다. 서로가 서로를 알 수 있는 규모였으며, 교통수단이 발달하지 않으니 집단 간 교류도 활발하지 않았다. 공동체는 식량을 따라 함께 이동하면서 각종 위험에 대처했다. 생김새가 유사하고, 관습이

동일한 사람들과 어울렸고, 낯선 것은 모두 경계했다. 이는 생존을 위한 방편이었다.

외부 사람을 경계하는 심리는 현대에 와서도 크게 달라지지 않았다. 그런데 재미있는 사실이 있다. 낯선 것을 경계하는 심리 때문에 범죄는 모르는 사람에게 당하는 경우가 많다고 생각하지만, 실제로는 정반대라는 것이다. 2017년 경찰의 범죄 통계에 따르면 타인에게 살해당하는 경우는 15.7%에 불과하지만, 동거 친족 29.7%, 지인 8.4% 등 가장 가까운 사람에게 당하는 경우가 52.6%에 달했다. 즉, 낯선 외부인에게 살해당하기보다는 알고 지내는 가까운 상대에게 살해당할 가능성이 높다는 것이다.

사기도 비슷하다. 사람들은 물밀 듯이 걸려오는 이상한 전화나 문자에는 무척 신경 쓴다. 모르는 전화번호, 문자메시지에 절대 반응하지 말라고 가르친다. 그 결과 전혀 모르는 상대에게 금융 사기를 당하는 경우는 12.7%에 불과했다. 하지만 아는 사람들에게 당하는 비율은 무려 87.3%에 달했다[20]. 한번 빠지면 짧게는 몇 개월, 길게는 수년간 착각에 빠뜨리는 다단계도 비슷하다. 공정거래위원회 발표에 의하면 다단계로 빠지는 경로 중 친구 45%, 선배 33%, 후배 2% 등 아는 사람에 의해 빠지는 비율이 무려 80%를 차지했다.

속임수가 유대감과 만났을 때

아는 사람의 위력은 남성보다는 여성에게 더 크다. 이는 오랜 기간 여성의 주 역할이었던 양육과 관련이 깊다. 인간은 다른 동물에 비해 성인이 될 때까지 오랜 유아기를 거치기 때문에 양육 과정에서 주변 사람의 도움이 필요하다. 주변의 도움을 받기 위해서는 상대의 반응과 기대에 민감하게 반응해야 한다. 상대의 기분을 잘 맞추어야 도움을 얻을 수 있기 때문이다.

그 때문에 여성은 타인의 감정을 읽고 공감하는 능력이 남성보다 뛰어나다. 반면 일단 맺은 관계로 원하든 원하지 않든 끌려다니는 경우도 많다. 거절하면 관계가 끊어질 것 같다는 생각에 거절도 잘 못하는 편이다(물론 개인의 성향에 따른 차이가 가장 크겠지만, 대체로 남성과 여성을 비교했을 때 그렇다는 말이다).

이런 성향은 상품 판매 시 자주 이용된다. 생활용품 등을 파는 암웨이나 플라스틱 식품 용기 제조 회사인 타파웨어 같은 회사는 안면 있는 사람을 마케팅에 적극 활용한다. 아는 사람을 이용해 이웃 주민들을 모아 요리를 하고 대접하면서 요리 기구의 장점을 설명한다. 모임에는 주최자 외에 바람잡이도 있어 '그 제품 써보니 너무 좋다'라면서 제품을 간접적으로 홍보한다. 여성의 장점인 공감 능력을 마케팅에 이용한 것이다.

이 점은 속임수에서도 악용된다. 쉽게 거절하지 못하거나,

도움을 받은 후 되돌려주지 않으면 마음 불편해하는 여성의 특성을 악용해 돈을 빌린다. 게다가 여성들은 피해를 당해도 수사기관에 신고하는 비율이 낮다. 실제로 이런 심리를 적극 이용한 여자 사기꾼이 있었다. 회사 동료들 사이에서 평판이 좋지 않았던 그녀는 사내에서 돈거래를 계획했지만 아무도 응하지 않자, 아무것도 모르는 신입 여자 직원들을 목표로 삼았다. 그들에게 종종 밥과 커피를 사면서 친분을 쌓은 다음, 좋은 투자처가 있는데 돈을 잠시 빌려주면 이자를 많이 쳐서 갚겠다고 한 것이다. 이런 식으로 여러 여성 동료에게 접근해 돈을 빌린 다음 잠적한 사건이었다.

유대감을 이용한 속임수는 종교에서도 다르지 않다. 사람들은 종교인들 간에는 서로 속이는 일이 훨씬 적을 것이라고 생각한다. 거의 모든 종교가 상대를 속이는 것을 금기시하기 때문일 것이다. 하지만 실상은 그렇지 않다. 아는 사람은 학연, 지연에만 국한되지 않는다. 동일 종교 집단도 마찬가지다. '우리 대 그들'이라는 논리는 종교에서도 자주 등장한다. 밖의 '그들'과 우리는 다르다는 논리로 내부 결속력을 강화하고, '같은 신도끼리 믿어야지'라는 생각은 서로에게 쉽게 신뢰감을 준다. 이것은 한국만의 상황은 아니다. 개인주의가 팽배한 미국에서도 유타주는 다단계나 각종 사기범이 많은 것으로 유명하다. 이유는 간단하다.

주민 대부분이 모르몬교 신자라서 다른 지역에 비해 유대감이 높고 관계를 중시하기 때문이다. 끼리끼리 모이는 폐쇄적인 공동체일 경우 속이기가 더 쉽다.

아이들은 남의 말을 더 잘 믿는다. 홍보 전단이나 광고 내용, TV 프로그램, 책 내용도 별다른 의심 없이 받아들인다. 그래서 규제가 적었던 과거에는 아이들을 타깃으로 삼고, 부모에게 사 달라고 떼쓰게 만드는 것을 목적으로 광고를 제작했다. 설탕 덩어리인 시리얼을 먹으면 힘이 세진다는 내용이 담긴 광고를 했고, 실제 날지 못하는 장난감을 날아다니는 것처럼 보이게 하는 광고를 찍기도 했다. 자녀를 키우는 사람 중에는 이런 광고가 사실이 아니라는 부모 말 대신, 광고 내용을 액면 그대로 믿는 자녀들의 태도에 당황했던 기억이 있을 것이다.

순수함 뒤에 숨은 이해관계를 잡아내라

아는 사람 말이라고 무작정 믿고 따른다면 아이들과 다르지 않다. 세상은 그렇게 순진하지 않다. 당신만을 위한 순수한 제안처럼 포장하지만, 자세히 들여다보면 이해관계가 얽혀 있는 것이 대부분이다. 물건을 판매하기 위해서, 혹은 중개 수수료를 얻기 위해서 속이기도 하고, 다단계처럼 자신의 이익을 위해 하위 판매원으로 끌어들이는 경우도 있다.

'아는 사람' 효과는 금융 상품을 판매할 때도 쉽게 나타난다. 사람들은 자주 보는 은행 창구 직원이나 자신을 관리해주는 보험 설계사가 권유하는 상품을 제대로 따져보지 않고 가입하곤 한다. 자주 보는 사람이기 때문에 고객의 이익을 특별히 생각해 줄 것이라고 착각한다. 하지만 냉정하게 보면 고객과 금융회사 사이에는 이해가 충돌하는 일이 많다. 금융회사가 관심을 갖는 것은 고객의 자산 증식이 아닌 회사의 수익이다. 양자의 이해가 공존하는 상품도 있겠지만, 거의 찾아볼 수 없는 게 현실이다.

특히 은행이 다른 금융기관의 상품 판매를 대행하면서 이해관계는 더욱 첨예하게 갈렸다. 은행 직원들은 정기적으로 자신의 영업 활동에서 회사 수익이 얼마나 되는지 평가받는다. 그러니 창구 직원 입장에서 고객의 이익보다는 수수료가 비싼 상품을 권유하는 것이 당연하다. 보험 설계사도 마찬가지다.

그러니 아는 사람의 말이라고 경계심을 풀고 무작정 믿기보다는, 그 뒤에 숨어 있는 그의 이해관계를 한 번쯤 생각해보자. 그렇지 않으면 아는 사람이 던진 미끼에 더 큰 상처를 입을 수 있다.

생판 모르는 사람도 안다고 착각하는 이유

'아는 사람' 범주에는 누가 포함될까? 가족이나 친구, 직장 동료, 지인, 은행 직원처럼 자주 보는 사람들일 것이다. 하지만 아는 사이도, 자주 보는 사이도 아닌 경우 어떻게 상대의 경계심을 풀 수 있을까?

해답은 남녀의 소개팅에서 찾을 수 있다. 인간은 동일 집단 구성원을 신뢰하듯 혈연이나 지연, 학연 등 공통점이 많은 사람들을 신뢰한다. 다르다는 것은 신뢰 형성에 걸림돌이 된다. 그러므로 신뢰 형성의 핵심은 소개팅처럼 상대와의 공통점을 찾는 것이다. 이런 이유에서 소개팅에서 처음 만난 사람과 제일 먼저 하는 것이 바로 '호구 조사'다. 어디에 사는지, 가족은 어떻게 되는지, 직업은 무엇인지, 어떤 학교를 나왔는지 등등 개인 신상 정보를 물어보고, 어떻게 해서든 공통점을 찾아내려고 노력한다. 수학으로 치면 서로 다른 분수의 분모를 같게 만드는 통분 과정이다. 통분을 해야 더하거나 뺄 수 있기 때문이다.

한편 '같은 경험'이 있어도 쉽게 친해질 수 있다.

"저도 그런 경험이 있어요."

"정말요? 우리 은근히 통하는 게 있나 봐요."

이렇게 공통점을 강조하면 '우리는 이미 아는 사이다'라는 느낌을 줄 수 있다. 특히 개인적으로 같은 경험을 했다면 효과는 높아진다. 예를 들어, 회사 동료와 마찰이 있었다는 이야기를 듣고 자신도 같은 경험이 있다고 하면 쉽게 친해질 수 있다. 기호와 취미, 생각이 같다고 동조하는 것도 하나의 방법이다. 상대가 사회현상이나 대중적인 콘텐츠에 대한 자신의 의견에 적극적으로 동조해주면, 마치 그를 과거부터 알던 사이인 것처럼 착각하기 쉽다.

착각을 부르는 '미러링'과 '매칭'

말을 통해 노골적으로 공통점을 강조하는 방법 외에 교묘하게 공통점이 있는 것처럼 느끼게 하는 방법도 있다. 이 방법은 비언어(몸짓)를 주로 이용한다. 공통점을 찾기 위해 끊임없이 자신과 상대의 연관성을 어필한다면 상대는 부담을 느끼거나 아부한다고 생각할 수 있는데, 이러한 부담을 덜어주는 방법이다. 가장 기초적인 방법은 상대 말에 자주 미소 짓거나 몸을 상대 쪽으로 향하는 것이다. 그럼으로써 상대의 의견에 찬성과 관심을 표현한다. 조금 더 은밀한 방법으로는 '미러링mirroring'과 '매칭matching'이 있다.

미러링은 거울에 비추듯이 상대 행동을 따라 하는 것을 말한다. 상대가 왼팔로 턱을 괴면 자신은 오른팔로 턱을 괸다. 다리를 꼬는 것도 마찬가지다. 이런 행동들은 무의식적이지만 의도적으로 천천히 따라 해도 효과가 있다. 실제로 소개팅하는 남녀를 관찰하면 흥미로운 사실을 발견할 수 있다. 말이 잘 통하는 커플일수록 서로의 몸짓이나 이야기를 듣고 말하는 자세가 대체로 일치한다는 점이다. 한 사람이 마주 앉은 상태에서 상대의 말을 듣기 위해 테이블 쪽으로 몸을 숙이면, 다른 사람도 동일한 자세를 취한다. 만약 이와 반대로 한 사람은 앞으로 몸을 기울이고 있는데 상대는 의자 깊숙이 등을 기대고 있다면, 그 남녀는 잘 안 될 가능성이 높다.

매칭도 미러링과 비슷하다. 다른 점은 똑같은 행동을 따라

하는 게 아니라 유사한 행동을 한다는 것이다. 예를 들어 상대가 다리를 흔들면 손가락으로 책상을 두드리는 경우다. 미러링과 매칭은 몸짓에만 국한되지 않는다. 상대가 말하는 단어나 호흡, 말하는 속도, 음성의 강약에도 적용된다. 상대가 자주 사용하는 단어를 따라서 사용하는 것도 효과적이다. 단, 너무 티가 나게 빨리 따라 해서는 안 된다. 그럴 경우 상대가 눈치챌 수 있으니 시차를 두고 자연스럽게 따라 해야 한다. 은밀하게 천천히 따라 하면 예전부터 알던 사람처럼 편안함을 느낄 수 있다. "오늘 처음 뵙는데 오래전부터 알던 사람 같네요"라는 말을 듣는다면 상대가 당신을 어느 정도 신뢰한다는 의미다.

사기꾼들은 소개팅을 할 때와 같이 신뢰를 얻기 위해 의도적으로 공통점을 만들려고 노력한다. 대학원 최고위 과정을 수강하거나 각종 동호회에 가입해 공통점을 만들고 자주 얼굴을 보여 상대의 신뢰를 얻는다. 당연히 거짓말도 동원한다. 저축은행 사건으로 구속된 미래저축은행 김찬경 회장은 소위 '서울대생 사칭 사건'으로도 유명하다. 자신을 서울대학교 법대생이라고 속이고 재학생들과 같은 강의를 듣는가 하면, 과 대표(!)까지 맡을 정도였다. 심지어 그의 결혼식에서 법대 교수가 주례를 서기도 했다. 몇 년 후 동문 앨범을 만드는 과정에서 학적부에 이름이 없어 거짓말이 들통났지만, 수십 년이 지난 얼마 전까지만 해도 서울대학교 법대 졸업생들은 여전히 김찬경 회장을 나이 많은 복학생으로 잘못 기억하고 있었다.

상대가 의도를 가지고 접근하는지 여부를 간파하기는 쉽지 않다. 상대의 말이 진실인지 거짓말인지 확인하는 것은 불가능할 뿐 아니라 바람직하지도 않다. 문제는 상대가 중요한 제안을 했을 때 아무 생각 없이 받아들인다는 점이다. 속지 않으려면 이들의 제안 뒤에 숨어 있는 이해관계를 간파할 수 있어야 한다. 무슨 이익이 있는지, 무슨 이유로 그런 제안을 하는지 꼼꼼히 따져봐야 한다. 그래야만 그들의 속임수에 쉽게 빠져들지 않는다.

'바람잡이 효과'를 아십니까

생각보다 훨씬 강력한 '소개의 힘'

G씨는 비자금 돈세탁을 도와주면 수수료 명목으로 많은 돈을 벌 수 있다는 말에 속아 수억 원을 사기당했다. G씨의 불행은 해외여행 중 외국계 자산 관리업체 사장을 사칭한 사기꾼을 만나면서 시작됐다. G씨에게 사기꾼을 소개해준 사람은 다름 아닌 여행사 가이드. 나중에 알고 보니 가이드 역시 사기꾼들과 한패였다.

일반적으로 소개한 사람과 소개받는 사람의 관계가 긴밀할

수록 소개의 효과가 높아진다. 잘 아는 친구가 다른 친구를 소개해주면서 믿을 만한 사람이라고 한다면, 새로운 친구에게도 깊은 신뢰를 가질 것이다. 하지만 이 사건은 정반대 경우였다. 소개한 사람과 소개받은 사람 사이에 어떤 신뢰 관계도 없었다. 둘 다 해외여행에서 처음 만난 사이였다. 그런 상황에서도 소개의 효과는 있을까? 『설득의 심리학』의 저자 로버트 치알디니Robert Cialdini 교수가 했던 '부동산 중개업소의 소개 실험'에서 해답의 실마리를 찾을 수 있다.

> 부동산 중개소는 매매와 임대 분야를 분리했는데, 전화한 고객들은 먼저 접수 직원과 말을 하게 된다. 접수 직원은 고객이 원하는 분야를 확인한 다음 "아, 임대하시려고요? 그럼 샌드라와 이야기하셔야겠네요" 혹은 "매매 담당자와 상담하셔야 해요. 피터에게 연결해드릴게요"라고 말한다.
>
> 이 중개소는 제3자가 자격을 갖춘 담당자를 소개하는 것이 좋다는 우리의 조언을 받아들여, 접수 직원이 문의하는 고객들에게 필요한 담당자를 연결해줄 뿐만 아니라 이제는 한술 더 떠서 동료들의 전문성에 대한 정보까지 곁들이고 있다. 임대에 대해 더 많은 정보를 원하는 고객들은 이런 말을 듣는다.
>
> "오, 임대하시려고요? 그럼 샌드라와 이야기하셔야겠네요. 샌드라는

이 지역에서 임대 중개 경험만 15년이 넘어요. 지금 연결해드릴게요."

마찬가지로 부동산 매매에 대해 더 많은 정보를 원하는 고객들은 이런 말을 듣는다.

"매매 담당자 피터에게 연결해드릴게요. 피터는 부동산 매매 경력이 20년이에요. 최근에는 고객님이 소유하신 것과 아주 비슷한 부동산을 팔기도 했지요."

『설득의 심리학 2』 중에서[21]

접수 담당 직원이 아무 설명도 하지 않을 때와 비교해보니, 전문성과 관련된 설명을 했을 때 고객과의 약속 건수가 눈에 띄게 늘어났다. 접수 담당 직원, 임대 담당 직원, 매매 담당 직원 모두 같은 회사 소속이고, 서로 이해관계가 밀접한 사람들이다. 여기서 중요한 부분은 이해관계와 상관없이 누군가 대신 이야기해주는 것만으로도 샌드라와 피터의 전문성을 전달할 수 있었다는 사실이다.

사람들은 이해관계가 있는 사람이 소개한다는 사실에 대해 깊이 생각하지 않는다. 신문 기사를 볼 때도 마찬가지다. 내용에만 신경 쓸 뿐, 기사 출처에는 둔감하다. 소개해준 사람의 자질이나 그가 한 거짓말에 대해서는 따져보지 않는다.

이성을 마비시키는 '바람잡이 효과'

누군가가 가짜를 진짜 유명한 전문가라고 소개해준다면 스스로 전문가를 사칭하는 경우보다 속을 확률이 훨씬 높아진다. '바람잡이'가 붙으면 상대는 더 쉽게 착각한다. 기존 바람잡이 이미지는 야바위장이나 사기 도박판에서 피해자를 부추겨 판돈을 더 올리도록 유도하는 사람이었다. 하지만 속임수에서 바람잡이의 핵심 역할은 사기꾼의 신뢰도를 높여 상대가 믿게 만드는 것이다. 나는 이를 '바람잡이 효과'라고 부른다.

바람잡이 효과란 바람잡이 역할을 하는 사기꾼이 제3자인 사기꾼을 '전문가'나 믿을 만한 자격을 갖춘 사람이라고 소개하는 것만으로 신뢰도가 높아지는 것을 의미한다. 일상생활에서도 바람잡이 효과는 자주 활용된다. 외부 초빙 강사를 소개할 때 강사가 스스로 자신을 소개하는 것보다 내부 직원 등 다른 사람이 강사 약력을 곁들이면서 소개할 때 강의 몰입도가 더 높아진다.

이제는 일상이 되어버린 보이스 피싱도 바람잡이 효과를 적극 이용해 사람들을 속일 수 있었다.

피해자 : (문자메시지) 국민건강보험입니다. 고객님께서 2000년부터 2006년까지 납부하신 보험료 중에서 초과 납부하신 금액 1,855,850원을 환불해드리려고 연락드렸습니다. 오늘까지 환불

받지 않으시면 이 금액은 국고에 환수됩니다. 상담을 원하시면 0번 혹은 9번을 눌러주십시오.

피해자 : (전화를 건다)

상담원 역할 사기꾼 : 네, 고객님, 보험료 환불 때문에 연락드렸습니다. 매월 납부하셨던 금액 중 20% 정도 금액이 초과 납부됐습니다. 의료보험공단에서는 그 초과된 금액을 환급해드리기로 결정했고, 초과 납부자 명단이 저희한테 내려왔습니다.

피해자 : 그럼 어떻게 하면 그 돈을 받을 수 있나요?

사기꾼 : 저는 알려드리는 것을 담당하는 상담원이고, 잠시 후 환급 담당자가 고객님께 자세히 알려드릴 거예요. 바로 연락드리도록 하겠습니다.

환급 팀장 역할 사기꾼 : (전화를 한다)

국민건강보험 환급 빙자형 사기에서도 'SMS → 상담원 → 환급 팀' 순으로 여러 단계를 거치게 유도해 환급 팀이라는 존재에 대한 신뢰도를 높였다. 알고 보면 상담원과 환급 팀 모두 같은 사기꾼 집단이지만, 이런 사실을 알 리 없는 사람들은 환급 팀을 더욱 신뢰하게 된다. 그리고 마지막으로 소개받은 사기꾼이 피해자에게 행동을 지시한다.

이런 방법은 개인 정보 유출을 핑계로 한 검찰 사칭 사기에서도 볼 수 있다. 이때도 검찰 수사관을 사칭한 사람이 먼저 전화를 걸어 기존에 알고 있는 개인 정보를 이용해 사건 내용을 알려준다. 그런 다음 검사를 사칭하는 사람을 바꿔주는 식이다. 대출 빙자 보이스 피싱도 마찬가지다. 문자메시지를 먼저 보내고 전화를 받은 전화 상담 팀이 대출 승인 팀을 소개해준다. 그리고 승인 팀이 상대를 속이면서 돈을 빼앗는다.

우리는 누군가가 소개했다는 사실에 쉽게 경계심을 푼다. 그래서 속임수는 단독으로 할 때보다 여러 명이 합동으로 했을 때 성공률이 높다. 여러 명이 짜고 이야기하면 상대가 상황을 더 쉽게 오판하기 때문이다. 그러니 바람잡이 효과에 당하지 않으려면 바람잡이와 소개해주는 사람 사이에 이해관계가 있는지 살펴봐야 한다. 만약 같은 패일 가능성이 있다면 일단 의심해야 한다.

실생활에서 바람잡이의 모습은 다양하다. 비서나 운전기사가 대표적이다. 이들은 사기꾼을 '회장님' 또는 '사장님'이라고 높여 부르며 깍듯이 대우한다. 사기꾼들은 음식점에서 종업원에게 팁을 두둑하게 주면서 자신이 오면 '사장', '회장'이라고 부르라 시키기도 한다. 그런 모습을 처음 본 주변 사람들은 이 사람을 대단한 사람이라고 오해한다. 하지만 이들 사이에는 고용 등 이해관계가 밀접하게 연결되어 있으므로 말과 행동에 현혹되어서는 안 된다.

그뿐만 아니라 성형외과, 치과, 한방 병원, 변호사 사무실에 가도 바람잡이를 만날 수 있다. 사무장 또는 상담 실장이 이들이다. 이곳에 가면 바로 자격증 있는 전문가를 만나는 것이 아니라, 이들을 먼저 만나야 한다. 이들은 기초 상담과 견적 업무를 보고, 각종 시술을 권유할 뿐 아니라 의사의 전문성과 권위를 높여주는 역할도 한다.

만약 바람잡이와 소개해주는 사람 간에 이해관계가 없어 보인다면, 바람잡이가 이 사람을 소개할 능력이나 자격이 있는지 의심해봐야 한다. 예를 들어 증권 분야 전문가를 소개해줄 경우 바람잡이가 그 분야에 정통해서 제대로 알고 다리를 놓는 것인지, 아니면 누군가에게 들은 대로 읊는 것인지 알아봐야 한다. 어떻게 만났는지, 정말로 잘 아는 사이인지, 같이 일을 해봤는지 물어보면 쉽게 알 수 있다.

모르는 게 약이다? 모르니까 속는다!

〈생활의 달인〉이라는 방송 프로그램이 있다. 이 프로그램을 보면 우리 사회에 온갖 전문가가 많다는 사실을 새삼 깨닫는다. 배달을 잘하는 달인, 면을 잘 만드는 달인 등 그들이 보여주는 온갖 노하우와 기술을 보면 눈이 휘둥그레질 정도다. 분업화에 따른 전문가의 탄생은 인류 문명을 이끌어온 견인차였다. 분업화는 생산력의 증대로 이어졌고, 전문가에 대한 신뢰 역시 자연스럽게 형성됐다.

그러다보니 사람들은 전문성과 신뢰성을 구분 지어 생각하지 않는다. 전문성이 높으면 신뢰성도 높을 것으로 생각한다. '전문가니까 잘 알겠지', '공정하게 처리하겠지' 하고 생각한다. 그래서 사람들은 전문가의 결정에 대해 별다른 의심을 하지 않는다.

2009년, 에모리대학교의 신경경제학 및 정신의학 교수인 그레고리 번스Gregory Berns 교수 팀은 사람들이 전문가라고 인정하는 인물이 조언하거나 선택할 때 두뇌가 어떤 반응을 보이는지 연구했다. 금융 상품 선택과 관련한 실험에서 한 그룹은 스스로 판단하게 했고, 다른 그룹은 안정적이지만 수익성이 떨어지는 보수적인 방법에 대한 조언을 금융 전문가에게 듣고 나서 판단하도록 했다.

이후 각 그룹 사람들의 두뇌를 촬영한 결과, '전문가'의 조언을 들은 그룹에서는 흥미로운 점이 드러났다. 전문가의 조언은 그다지 합리적인 조언이 아니었음에도, 이를 들은 사람들은 대체 방안을 고려하는 사고 과정과 관련된 두뇌 영역이 거의 활성화되지 않았다. 별 생각 없이 전문가의 말을 받아들인 것이다. 전문가라는 말은 경계심을 푸는 또 다른 열쇠임을 증명하는 결과였다.

사회가 복잡해지고 전문 분야가 늘어감에 따라 전문성을 눈으로 확인하는 것은 점점 어려워지고 있다. 대신 사람들은 눈에 보이는 각종 상징물(자격증, 배지, 명함, 박사 학위증, 의사 가운,

책상에 놓인 명패 등)로 전문가 여부를 파악한다. 몇 년 전부터 종편 채널이 생겨나면서, 특정 주제 아래 전문가 패널들이 등장해 다양한 해법을 제시하는 프로그램이 인기를 끌고 있다. 일명 '떼 토크'라고 하는 프로그램이다. 떼 토크는 제작비도 적게 들뿐더러 전문가들의 이야기를 들을 수 있어 시청률이 높은 편이다. 방송을 보면 패널 명찰에 '○○ 전문가'라고 적힌 것을 흔히 볼 수 있다. 실제 전문가인지는 알 길이 없지만, 방송국이 전문가라고 인정한 사람이니 별다른 의심 없이 믿곤 한다.

게다가 설령 명칭이 잘못되었더라도 의심하지 않고 받아들인다. 1990년대 초반에 국제화를 정부 주요 추진 과제로 선정하면서 '국제 변호사'라는 직함을 달고 TV에 나온 이들이 많았다. 당시 변호사에 대한 높은 사회적 인식 때문에 사람들은 국제 변호사를 세계의 모든 법률 사무를 자유롭게 처리할 수 있는 직종으로 착각했다. 그리고 그런 자격시험이 따로 있다고 오인했다.

하지만 변호사란 특정 국가의 법률 제도와 관련해 존재할 뿐이다. 그러므로 세계의 모든 법률 사무를 자유롭게 처리할 수 있는 자격증은 존재하지 않는다. 지금은 국제 변호사란 잘못된 명칭도 없어졌고, 방송에서도 사용하지 않는다. 대신 외국에서 변호사 자격을 딴 경우 자격증을 딴 국가 명칭을 앞에 붙여 미국 변호사, 영국 변호사라고 말해 오해의 소지를 없앴다.

무조건적인 수용의 결과

완장, 즉 명칭이 발휘하는 효과는 인터넷상에서도 쉽게 볼 수 있다. 비싼 제품을 구매하거나 잘 모르는 제품을 구입할 때 주변 사람의 의견을 참고하는 경우가 많다. 사용 후기는 제품을 선택하는 중요한 기준이다. 하지만 물건을 살 때마다 주변 사람에게 물어보기도 쉽지 않으며, 물어보기 어려운 품목도 있다. 이런 어려움은 인터넷 세상이 도래한 이후 많이 사라졌다. 블로그를 통해 다른 소비자 후기를 쉽게 참고할 수 있기 때문이다. 조사 전문 기업인 오피니언 리서치의 연구 결과에 따르면 응답자 중 61%가 새로운 물건이나 서비스를 구매하기 전에 온라인 리뷰나 블로그, 다른 소비자들의 온라인 후기를 읽어본다고 한다.

블로그가 인기를 끌자 많은 온라인 회사들은 블로그를 자사 사이트로 유인하는 중요한 마케팅 수단으로 삼았다. 그래서 우수 블로그를 장려하는 정책을 세웠다. 우리가 잘 아는 네이버의 '파워 블로그' 제도, 다음의 '우수 블로그' 제도 등이다. 네이버 파워 블로그 선정 기준을 보면 2011년 전까지는 블로그 활동 지수(글을 얼마나 많이 올렸느냐 등), 블로그 인기 지수(방문자 수, 페이지뷰, 이웃 수, 스크랩 수), 포스트 주목 지수(포스트 내용이 충실하고 덧글이 많을수록 올라감), 포스트 인기 지수가 포함되었다. 쉽게 말해 얼마나 많은 글을 올렸는지, 얼마나 많은 사람들이 와서 댓글을 달았는지가 중요했다. IT 기업에서 주는 '우수' 또는 '파워'라는 명칭은 블로그에 전문성이라는 완장을 부여해주었다.

전문성이라는 완장은 돈벌이에 쉽게 이용되기도 한다. 한때 일부 파워 블로거들이 돈벌이에 적극 나서면서 사회문제로 떠오르기도 했다. 상품 공동 구매 과정을 통해 업체의 브로커 역할을 한 것이다. 한 블로거는 화장품은 리뷰당 50만 원씩 받고, 건강을 해칠 만큼 심각한 하자가 있는 제품을 소개하거나 판매하면서 대당 7만 원씩 총 2억 1,000만 원의 수수료를 챙겼다.

이에 공정거래위원회는 2011년 블로거들이 현금이나 협찬 등 경제적 대가를 받고 제품을 추천·보증할 경우 반드시 '유료 광고', '대가성 광고'라고 표시하도록 지침을 개정했다. 이후 네이버와 다음은 영향력 있는 블로거 선정 기준에서 상거래 및 홍보 기준을 준수하지 않은 블로그는 제외했다. 하지만 벌써 사기꾼들의 손을 다 거쳐 간 이후였다.

많이 알면 장난치지 못한다

전문가 집단에서 이런 일이 쉽게 벌어지는 이유는 일반인과 전문가가 가진 정보 차이가 크기 때문이다. 이를 '정보의 비대칭성'이라고 한다. 정보의 차이로 전문가가 자신의 이익을 위해 정보를 악용해도, 일반인이 이를 확인하거나 견제할 방법이 없다. 이런 도덕적 해이 현상은 전문가 집단에서 언제든 발생할 수 있다. 하지만 불행하게도 대부분의 사람들은 이런 일들이 벌어지고 있다는 사실조차 모른다.

전문가의 의견을 무비판적으로 수용하기에 앞서 첫 번째로 고려해야 할 점은 상대가 해당 분야의 전문가가 맞느냐 하는 것이다. 얼마 전 건강식품으로 '효소' 열풍이 몰아친 적이 있었다. 효소 전문가라는 사람들이 TV에 출연해 효소만 먹으면 만병이 치료된다고 했다. 이를 다룬 책도 동시에 여러 권 출간되었다. 하지만 이들 중 상당수는 전문가가 아닌 효소 판매업자였다. 자신의 상품을 팔기 위해 과장 광고를 했을 뿐이다.

두 번째는 이해관계가 있는 전문가의 말은 한 번쯤 의심해봐야 한다는 것이다. 은행 VIP 고객을 상대로 재테크 상담을 해주는 개인 상담사의 조언 내용이 변화되는 것만 봐도 알 수 있다. 이들은 의뢰인의 월급과 부동산 등 자산 상태를 보고 조언한다. 과거 은행이 타 금융권인 증권회사나 보험회사 상품을 팔 수 없었을 때는 이들 상품에 대해 권유하는 경우가 적었다. 권유해도 자신 또는 회사가 얻는 이익이 거의 없기 때문이다. 하지만 은행이 증권회사나 보험회사 상품을 자유롭게 판매 대행할 수 있게 되자 이들 상품을 적극적으로 권유했다. 판매 수수료가 자신의 성과에 직결되기 때문이다.

의료업계도 마찬가지다. 최근 몇 년 사이에 척추나 근골격계 관련 병원의 설립이 급증하고 있다. 그만큼 장사가 잘된다는 이야기다. 의사들은 수술을 두려워하는 환자를 대상으로 효과가 검증되지 않은 값비싼 시술을 권장한다. 비싼 수술이나 시술에 따른 인센티브가 자신에게 떨어지기 때문이다.

전문성을 무기로 한 속임수에서 벗어나는 유일한 방법은 정보의 비대칭성을 줄이는 것이다. 서양에서는 주요 시술이나 치료를 받기 전에 다른 전문의의 의견secondary opinion을 구하는 것이 일반적이다. 이는 신중하게 선택하기 위해서지만, 더 중요한 점은 우리가 가지고 있는 정보와 전문가가 가지고 있는 정보의 격차를 줄여주는 역할을 한다는 것이다. 해당 분야 책을 읽는 것도 정보의 비대칭성을 줄이는 좋은 방법이다. 그럼으로써 좀 더 현명하게 판단할 수 있다. 전문가도 당신이 많이 안다고 생각되면 손쉽게 장난을 치지 못할 것이다.

허경영을 단번에 알린 후광 효과

'직급 인플레이션'을 아십니까

사기꾼들이 자신을 굉장한 사람이라고 포장하기 위해 사용하는 단골 메뉴가 있다. 바로 '유명인과 찍은 사진'이다. 유명 정치인이나 경제인이 참석하는 행사에 가보면 행사가 끝난 후 대개 포토 타임을 갖는다. 이때는 안면이 없어도 시간이 허락하는 한도 내에서 자유롭게 유명인과 사진을 찍을 수 있다. 다시 말해 같이 사진을 찍었다고 해서 유명인과 친분이 있다고 보긴 힘들다는 뜻이다. 하지만 사람들은 그런 사실을 모른 채 사진 한 장만 보고 쉽게 착각한다.

유명인과 찍은 사진은 정말 효과가 있을까? 전 국민을 상대로 이를 입증한 남자가 있었다. '허본좌'로 알려진 허경영 씨다. 2007년 제17대 선거 때 허경영 경제공화당 후보는 훗날 대통령이 된 박근혜 의원의 인기를 활용했다. 정치인으로서 인기가 높았던 박근혜 의원은 한나라당 대통령 후보 경선에서 아깝게 이명박 후보에 뒤져 떨어졌다.

허 후보는 박근혜 의원을 자신의 대선 홍보물 전면에 실었다. 첫 장에는 박근혜 의원과 같이 단상에 앉아 있는 자신의 사진을 붙여놨고, 2면에는 모 주간지에 실린 '박근혜 후보와의 결혼설'이라는 표지 기사의 이미지를 넣었다. 뿐만 아니라 "박근혜와 결혼하기로 했고, 조지 부시 대통령의 당선 축하 파티에 초청돼 참석했다. 1969년부터 박정희 전 대통령의 정책보좌역을 역임했다"라는 말을 하고 다녔다.

물론 새빨간 거짓말이었다[22]. 하지만 이런 선거 전략은 효과적이었다. 그는 박근혜 후보를 내세운 홍보물 덕분에 그는 수많은 군소 후보 중 단연 돋보였다. 많은 표를 얻지는 못했어도 한때 유력한 대통령 후보였던 이인제 민주당 후보 득표수의 3분의 2에 달하는 표를 얻을 정도였다. 결국 이 거짓말 때문에 선거 이후 실형을 선고받고 복역했지만, 허경영이라는 이름 석 자를 전

국민에게 단시간 내 알리는 계기가 되었다.

우리는 왜 직급에 민감할까

허경영 후보가 보여준 행동을 '후광 효과halo effect'라고 한다. 어떤 물건이나 사람을 평가할 때 하나의 특징 때문에 전반적인 평가가 달라지는 것을 말한다. 유력 권력자인 것처럼 거짓말을 하거나, 권력자와의 친분을 과시하면 후광 효과 덕분에 그 사람에 대한 평가가 달라진다. 용모, 가문, 재력, 학력, 직업에 따라 사람에 대한 평가가 180도 달라지는 것도 이런 이유 때문이다. 외모와 옷차림이 볼품없는 사람은 주목을 받기도, 좋은 평가를 받기도 어렵다. 하지만 이 사람을 세계적인 석학이라고 먼저 소개한다면, 정말 소박한 사람이라면서 평가가 극명하게 바뀔 것이다.

정도의 차이는 있지만 인간은 권력에 민감하다. 인간은 자연과 맹수의 위협에서 벗어나 생존하기 위해 오랜 시간 군집 생활을 해왔다. 지금처럼 대규모 인원에 체계적인 조직을 갖춘 것은 아니지만, 생존을 위해 효율적인 이동은 필수적이었다. 이를 위해서는 느슨하게나마 지휘 체계를 만들었을 것이다. 이런 역할 수행은 남자들이 도맡다 보니 남자들은 권력이나 지위에 훨씬 민감해졌다. 회사 내 상사를 대하는 남녀의 태도 차이를 봐도 쉽게 알 수 있다. 남성은 지위가 높은 사람과 같이 있으면 자연스럽게 긴장한다. 혈압이 높아지고 손도 자연스럽게 앞으로 모은다.

이에 비해 여성은 지위가 높은 사람과도 스스럼없이 잘 지내는 편이다. 사내 부부 동반 모임에 가면, 남편들은 어려운 상사와 거리낌 없이 말하는 아내를 보고 놀라곤 한다. 사내 회식을 대하는 태도에서도 남녀 간의 차이를 발견할 수 있다. 여성은 회식의 목적을 사내 친목이라 보기 때문에 부담 없이 재미있게 참여하는 것이 좋다고 생각한다. 그래서 1차를 마치고 2차를 가는 사람은 절반에도 못 미친다. 이에 반해 남성은 회식을 일의 연장이라고 생각한다. 그래서 누가 뭐라고 하지 않아도 집에 가지 않고 끝까지 참여하려고 한다.

차이는 있지만 일반적으로 상대가 유명인이거나 지위가 높다고 생각할 경우 신뢰하는 경향이 높다. 그렇기 때문에 사기꾼은 상대의 신뢰를 얻기 위해 높은 지위에 있는 것처럼 거짓말을 한다. 수사를 하다 보면 가장 많이 보는 직급은 '사장'과 '회장'이다. 사장, 회장 하면 사람들은 대기업의 총수나 큰 회사의 대표를 연상한다. 하지만 실상은 그렇지 않다. 대부분 1인 기업이거나 비서 한 명을 연락책으로 두고 사무실을 여러 명과 나눠 쓴다. 확인하기 위해 전화하면 비서가 받기 때문에 쉽게 착각한다.

명함에 가장 많이 적는 또 다른 직급은 정당의 각종 위원회 '부위원장'이다. 일반인뿐 아니라 정당인조차 정당 내 얼마나 많은 위원회가 있는지 알지 못한다. 각종 위원회는 단기간 내 만들어지고 사라진다. 대통령 선거나 총선 등 큰 선거를 앞둘 경우, 정당은 표를 모으기 위해 각종 위원회를 만들어 위촉장을 남발한다. 일반인들은 위원회라고 하면 위원장, 부위원장, 위원으로 구성되었을 것으로 생각한다. 그런데 실제로는 위원장, 수석부위원장, 부위원장으로 구성되어 평위원이 없는 경우가 대부분이다. 다시 말해 부위원장은 평위원의 다른 이름에 불과하다. 하지만 이를 모르는 이들은 명함에 찍힌 명칭만으로 쉽게 착각한다.

이 같은 '직급 인플레이션'은 우리 사회에 광범위하게 퍼져 있다. 회사도 고객을 속이기 위해 이 방법을 애용한다. 앞서 어머니가 분양 사무실에 들어가 계약서에 서명한 사례를 기억할 것이다. 회사는 모델하우스 방문객들에게 신뢰를 주기 위해 직원들에게 과장이나 부장이라는 직급을 새긴 명함을 만들어줬다.

창업 컨설팅 회사도 사정은 비슷하다. 창업 컨설팅의 주 업무는 기존 자영업소의 매매를 중개하거나, 적합한 장소에 새로운 프랜차이즈 점포를 열 수 있도록 도와주는 것이다. 이들도 역시 갓 입사한 사람에게 사원이나 대리 직급이 아닌 과장 직급을 준다.

실화를 바탕으로 한 영화 〈더 울프 오브 월스트리트The Wolf of Wall Street〉에서도 비슷한 장면을 볼 수 있다. 주인공은 그럴싸한 이름의 증권회사를 만들고, 직원들에게 싸구려 주식을 비싸게 팔게 만들기 위해 전화 응대 시나리오를 만들어 연습시킨다. 그러면서 사원들로 하여금 고객들과 응대할 때 자신을 수석 부사장senior vice president이라고 소개하도록 시켰다. 사회적으로 공인된 직급을 부름으로써 고객으로 하여금 경험과 노하우가 많은 것처럼 착각하게 만들었다.

눈에 보이는 상징물에 속지 마라

한편 사람들은 명함에 찍힌 직급뿐 아니라 권력이나 지위를 나타내는 상징물에도 쉽게 속는다. 의사가 입는 하얀 가운은 신뢰와 전문성의 상징이다. 화장품 브랜드 크리니크Clinique는 이를 적극 이용했다. 뉴욕대학교 의대 교수의 자문으로 탄생한 브랜드라는 점을 강조하면서 점원들에게 의사처럼 하얀 가운을 입혀 전문성을 강조한 것이다. 영화 〈캐치 미 이프 유 캔Catch Me If You Can〉에서도 사기꾼인 주인공은 항공사 기장 유니폼을 입고 다른 사람들을 손쉽게 속였다.

사기꾼들의 경향은 현실에서도 비슷하다. 어떤 사기꾼은 가짜 청와대 출입증을 부착한 고급 승용차를 타고 다닌다. 청와대 안내실까지 피해자를 데려온 뒤 "지금 청와대에서 일하는 ○○○ 씨를 만나기로 했는데 바빠 못 만나겠다"라고 둘러대기도 한다. 아니면 해당 기관 앞에서 점심때 만나자고 약속을 잡은 뒤, 미리 민원실에서 기다리고 있다가 직원들과 같이 나오는 척하기도 한다. 경찰관 행세를 하다가 검거된 한 사기꾼은 다른 사기꾼과 짜고 사기 도박판을 급습해 현장 훈방을 조건으로 돈을 받았다. 그는 피해자들을 속이기 위해 일부러 경찰서에서 나오는 모습을 보여주는 것은 물론, 경찰서 앞에서 돈을 받는 대담함까지 보였다.

기념품이나 선물도 상대를 속이는 데 자주 이용된다. 한때 대통령 시계는 대통령이 직접 하사한 것이라면서 대통령과의 관계를 과시하는 소품으로 사용되기도 했다. 지금도 사기꾼들은 청와대·국정원 방문 기념품을 특별한 선물이라면서 건네기도 하고, 청와대 문양이 새겨진 은행 통장을 만들어 보여주기도 한다.

당신이 새로운 업체와 거래를 시작한다고 가정해보자. 아마 상대 말만 선뜻 믿고 거래를 시작하지는 않을 것이다. 거래하기 전에 해당 업체의 평판, 즉 신용도를 조사할 것이다. 평판이 높은 유명 회사야 상관없겠지만, 그렇지 않을 경우 과거 거래 실적까지 조사할 것이다. 납기일은 잘 지켰는지, 대금은 제때 지급했는지 등을 기존 거래 업체에 물어보지 않을까?

사람을 고용할 때도 마찬가지다. 경력직 직원을 채용할 때 구직자 말에만 전적으로 의존하지 않는다. 과거 직장 상사나 동료들에게 업무 능력이나 성품을 물어본다. 그리고 거래나 채용을 결정할 때는 크건 작건 간에 모든 거래 내용을 문서화한다.

개인 간의 거래에서도 이 같은 자세가 필요하다. 많은 사람들이 지위 높은 사람에게 자세히 물어보는 것은 실례라고 생각한다. 그래서 묻고 싶은 게 있어도 잘 물어보지 않는다. 확인이나 문서화는 더더욱 하지 않는다. 지위 높은 사람이 설마 나를 속이지는 않겠지, 하고 으레 짐작한다. 수사를 하면서 피해자들이 '간단한 사실만 확인했더라도 속임수에 넘어가지 않았을 텐데'라고 안타까워했던 적이 한두 번이 아니었다.

사기꾼의 농간에 속지 않으려면 그들이 보여주는 권력의 상징물에 현혹되어서는 안 된다. 거래하기 전 신용을 확인해줄 서류나 입증해줄 수 있는 사람을 알려달라고 해야 한다. 이때 '자신을 못 믿느냐'라면서 버럭 화를 낸다면 뭔가 숨기는 사람이다. 그런 사람일수록 거래할 가치가 없다. 만약 '당신한테만 주는 특혜인데, 믿지 않으면 줄 수 없다'라면서 확인을 거부한다면 속임수일 가능성이 높다.

말뿐 아니라 각종 문서 위조를 통해 자신의 말이 맞다고 주장하는 것도 사기꾼들의 특징이다. 위조된 문서로 특정 지역을 개발 예정지라고 선전한다. 이런 문서의 진위 여부는 주변 부동산 사무실이나 구청 등 관공서에서 쉽게 알아볼 수 있다. 사기꾼의 말에 휘둘리지 않으려면 상대의 직급이나 권력, 혹은 그럴싸한 상징물에 주눅 들지 말고 돌다리도 두들기듯 확인하는 마음가짐이 필요하다.

사기꾼에게 유대감을 느끼는 피해자

수사 과정에서 대부분의 피해자들은 사기꾼을 비난한다. 하지만 사기꾼을 옹호하는 사람들도 있다. 아직도 속임수가 만든 착각의 늪에서 빠져나오지 못했기 때문이다. 이런 사람들은 크게 두 가지 부류가 있다.

첫째는 홍보관에 빠진 노인들이다. 일부 판매업체는 주택가 인근 상가 등에 3~6개월 동안 제품 홍보를 위한 공간, 일명 홍보관을 차려놓는다. 사회적 교류가 적고 외로운 노인이나 주부를 모은 후 건강 강좌를 열고 사은품을 나눠주며 친밀도를 높인다. 그런 다음 터무니없이 비싼 가격에 제품을 강매하거나 충동구매를 부추긴다. 일부 업체는 판매한 다음에는 환불도 거부한다.

이런 업체를 수사하다 보면 오히려 판매업자를 옹호하는 노인들을 볼 수 있다. 어쩌다 간혹 연락하는 자식들보다 평소 자신에게 살갑게 구는 판매업자에게 더 큰 정을 느끼기 때문이다. 그러다 보니 자식보다 더 잘 대해주어 물건 조금 팔아주었는데 무슨 문제가 있느냐면서 수사관에게 역정을 내기도 한다. 오랜 기간에 걸쳐 생긴 깊은 유대감은 피해를 입었음에도 착각에서 빠져나오는 것을 방해한다.

둘째는 사랑에 빠진 사람이다. 사전적 의미로 사랑이란 '어떤 상대의 매력에 끌려 열렬히 그리워하거나 좋아하는 마음'을 뜻한다. 열렬히 그립고 좋아하는 상태에서는 상대에게 경계심을 갖지 않는다. 정이나 사랑 같은 감정은 다른 감정보다 오랫동안 지속된다. 지속되는 동안에는 상대에게 의심을 품기 힘들다. 평생 변함없을 것 같은 사랑의 감정도 시간이 지나면서 변한다. 첫눈에 반한 상대라면 황홀감에서 출발할 테지만 시간이 지나면서 유대감, 안정감으로 변한다. 감정 변화에 따라 상대의 행동을 좀 더 객관적으로 볼 수 있게 되지만, 너무 늦은 경우가 많다.

사랑은 상대를 한없이 믿게 만든다

사기꾼 입장에서 사랑은 상대를 가장 손쉽게 조종할 수 있는 상태다. 사랑에 빠지면 사고력과 행동 조절을 주관하는 부분인 전두엽 피질의 기능이 떨어진다. 그리고 부정적 감정을 처리하는 부분도 활성화되지 않는다. 그래서 사랑은 상대를 한없이 긍정적으로 보게 만든다. 감정에 쉽게 이끌려 경계심도 떨어진다. 거짓말을 해도 곧이곧대로 믿고 상대의 약점과 허물에 관대해진다.

사랑하면 상대를 한없이 높이 평가하며 시야도 좁아진다. 이런 상태를 흔히들 '눈에 콩깍지가 씌었다'고 말한다. 합리적으로 의심할 만한 상황에도 눈을 감는다. 위험한 상황에서 주변에 있는 다른 것들을 보지 못하는 것과 비슷하다. 상대방의 생각에 압도되어 다른 생각을 하지 못한다. 이런 감정 상태가 지속되는 동안에는 상대의 '호구' 또는 '봉'이 될 가능성이 높다. 일반적인 사기 사건의 경우에는 한 명의 사기꾼이 동일한 피해자를 대상으로 1~2회 속이는 것이 보통이다. 하지만 연인 사이일 경우, 5~6회 속일 때까지 모르는 경우가 많다. 심지어는 10회 이상 동일인에게 사기를 당하는 경우도 있을 정도다[23].

사랑하는 사람끼리의 돈거래가 무서운 이유는 속임수가 협박으로 쉽게 변할 수 있다는 점 때문이다. 속임수는 상대를 착각에 빠뜨린 후 돈을 건네게 만든다. 반면 협박은 겁을 주며 압력을 가해 상대의 돈을 억지로 빼앗는 것이다. 반드시 물리적 힘이 나 폭행 등이 있어야만 협박인 것은 아니다. 원하는 것을 들어주지 않았을 때 직간접적으로 위협하는 행동은 감정적 협박이 된다[24]. "그 정도도 못 빌려줘? 나를 못 믿는 거야?"라거나, "내가 이제까지 해준 게 얼마인데, 이런 것도 못해줘?"라는 말은 모두 감정적 협박이다.

친구나 직장 동료 사이에는 이런 협박이 잘 안 먹힌다. 관계를 단절하면 그만이기 때문이다. 반면 관계를 쉽게 단절할 수 없는 가족이나 연인 사이에서 감정적 협박은 효과적이다. 사기꾼은 관계 따위는 안중에도 없다. 자신의 요구에만 집중하기 때문이다. 만약 연인 사이에서 상대가 직간접적으로 협박한다면, 감정과 압력에 굴복하지 말고 관계 단절을 심각하게 고려하자. 세상에서 제일 소중한 것은 바로 자기 자신이다. 정과 사랑에 이끌려 휘둘리기보다는 자신에게 집중함으로써 거절에 대한 죄책감이나 의무감에서 벗어나도록 노력해야 한다[25].

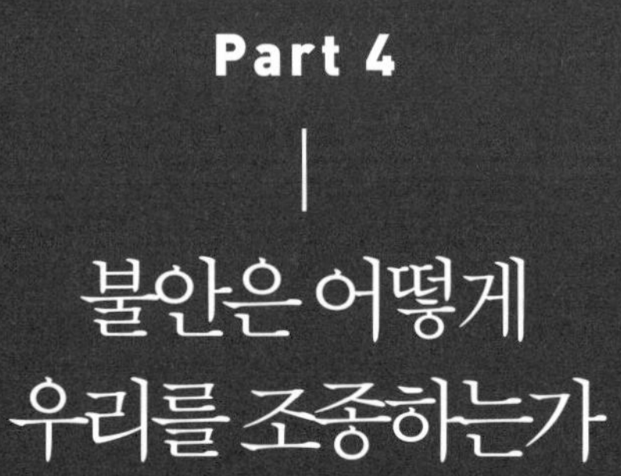

Part 4

불안은 어떻게 우리를 조종하는가

아들과 어머니 이야기 2

— 아들 이야기

오늘도 취직 시험 공부를 하기 위해 새벽같이 도서관으로 향하는 길이었다. 최근 친구들이 취직했다는 소식이 연이어 들려와 마음이 조급해졌다. 휴대전화를 보니 지인에게서 카톡이 와 있었다. 열어봤더니 행운의 편지였다.

'오랜만에 보낸 메시지라는 게 고작 행운의 편지라니….'

짜증이 나서 바로 삭제할까 하다가 한번 읽어보았다.

"이 편지는 영국에서 최초로 시작되어 받는 사람에게 행운을 주었습니다. 지금 당신에게 도착한 이 편지는 4일 안에 당신 곁을 떠나야 합니다. 이 편지를 포함해서 7통을 행운이 필요한 사람에게 보내주세요. 복사해도 좋습니다. 혹 미신이라 생각할지 모르지만 사실입니다. 1930년, 영국에서 어떤 사람이 이 편지를 받았습니다. 그는 자신의 비서에게 복사해서 보내라고 했고, 며칠 뒤 20억짜리 복권에 당첨되었습니다.

어떤 사람은 이 편지를 받았지만 96시간 이내에 자신의 손에서 떠나야 한다는 사실을 잊었습니다. 그는 곧 사직을 통보받았습니다. 뒤늦게 편지의 비밀을 알고 7통의 편지를 보낸 후 다시 좋은 직장을 얻을 수 있었습니다. 미국의 케네디 대통령은 이 편지를 받았지만 그냥 버렸고, 9일 후 그는 암살당했습니다. 기억해주세요. 이 편지를 보내면 7년간 행운이 있을 것이고, 그렇지 않으면 3년간 불행이 있을 것입니다. 그리고 이 편지를 버리거나 낙서를 해서는 절대로 안 됩니다. 7통입니다. 이 편지를 받은 사람에겐 행운이 깃들 것입니다."

기분이 찝찝했다. 곰곰이 생각해보니 중학생 때 처음 행운의 편지를 받은 기억이 났다. 집에 와 가방에 있는 책을 꺼내다가 누군가 몰래 넣어둔 편지를 발견했다. 읽고 나서 겁이 나 바로 편지 7통을 쓴 기억이 비로소 났다. 그로부터 10여 년이 지난 지금, 그 편지가 휴대전화로 도착하다니.

문득 마지막에 쓰인 글이 떠올랐다. 이 편지를 안 보내면 3년이나 불행할 것이라는 말에 취직 뒷바라지를 하는 어머니 생각이 났다.

'졸업 후 2년이 지나도록 취직도 못했는데 앞으로 3년이라니.'

그러자 행운의 편지를 다른 사람에게 보내야겠다는 생각이 들었다. 전화번호부를 검색해 이런 것을 보내도 심하게 항의하지 않을 만한 친구 일곱 명을 겨우 찾아냈다. 그 친구들도 이걸 받으면 나처럼 짜증 나겠다는 생각을 하면서도 어쩔 수 없이 전송 버튼을 눌렀다.

잠을 깨기 위해 세수라도 할 겸 화장실에 가니 거울에 비친 빨간색 티셔츠가 눈에 들어왔다. 어제 어머니는 빨간색이 나와 잘 어울린다면서 빨간색 티셔츠를 다섯 장이나 사 오셨다. 올해가 삼재 마지막 해이기 때문에 빨간색으로 액운을 물리쳐야 좋은 일이 있다는 말에 군말 없이 입었다.

— 어머니 이야기

남편의 명예퇴직과 아들의 취직 문제로 걱정하다 보니 요즘 부쩍 불안하다. 그러던 중 친구에게서 용한 점쟁이를 소개받았다. 지푸라기라도 잡는 심정으로 점쟁이를 찾아갔다.

생년월일을 말하자 점쟁이는 아들의 성격과 현재 고민을 정확히 맞혔다. 아들에 대해서는 '겉으로는 강하지만 가끔 외로움을 타는 성격'이라고 했다. 생각해보니 이제까지 아들은 혼자서도 잘 커왔다. 하지만 요즘 취직이 되지 않다 보니 부쩍 외로움을 타는 것 같았다. 그런 생각을 하던 차에 점쟁이 말을 들으니 아무래도 맞는 것 같았다.

올해 아들의 취업 운이 좋지 않다는 말에 고민을 자세히 털어놓았다. 점쟁이는 아들이 삼재 때문에 취업이 안 된다고 했다. 그러면서 올해가 삼재 중 마지막 해인데, 좋은 운을 받으려면 아들의 속옷을 태우면서 기도해야 한다고 했다. 또 빨간 옷을 입으면 액운을 막는 데 도움이 된다고 했다. 취직이 된다면 기도쯤이야 얼마든지 할 수 있다고 생각한다. 점쟁이는 5일 후 기도비 50만 원과 아들 속옷을 하나 가져오라고 했고, 그렇게 하겠다고 했다.

집으로 오는 길에 아들이 입을 만한 빨간색 티셔츠 다섯 장을 샀다. 처음에는 너무 빨갛고 디자인도 별로라면서 입기를 꺼렸지만 설명을 듣고는 아무 소리 없이 입고 나갔다.

아들은 행운의 편지를, 어머니는 점쟁이 말을 믿었다. 미신을 믿은 모자에게는 공통점이 하나 있었다. '마음이 불안하다'는 점이다. 이스라엘 텔아비브대학교 지오라 케이난Giora Keinan 교수는 1991년 걸프전쟁 때 174명의 이스라엘인을 대상으로 설문조사를 했다. 당시 이라크는 이스라엘의 도발을 유도하고자 스커드 미사일로 이스라엘을 공격했다. 설문 결과 극도의 스트레스를 경험한 사람들은 미신을 더 쉽게 믿었다[26]. 다시 말해 불안할수록 미신을 잘 믿었던 것이다.

이런 성향은 이스라엘인만의 특징은 아니다. 예로부터 불안한 환경에 처한 사람들은 각종 미신을 믿어왔고, 금기시하는 행동도 많았다. 우리나라에서도 어민들은 바다의 노여움을 잠재우고 무사히 돌아오기 위해 용왕제를 지냈다. 출항 전에 금기시하는 행동도 많았다. 부정 탄다며 여자를 배에 태우지 않거나 물고기를 뒤집어놓으면 배가 뒤집힌다고 구운 생선을 뒤집어 먹지 않았다.

한번은 경찰관이 선착장에서 자살을 기도한 사람을 구하려다 사망한 사건이 일어났다. 경찰 당국은 사망한 경찰관의 희생을 기려 사건 발생 지점에 추모 흉상을 건립하려고 했지만, 어민들의 반대로 다른 곳에 세워야 했다. 일부 어민들이 선착장에 흉상을 세우면 부정이 탈 수 있다고 주장했기 때문이다.

불안한 사람들은 미신을 잘 믿듯이 속임수도 잘 믿는다. 사람은 불안할 때 경계심이 풀린다. 평상시라면 무시했을 말, 사리가 잘 맞지 않는 말에도 귀를 기울인다. 그래서 사기꾼은 불안한 사람을 범행 대상으로 삼는다. 때로는 불안하지 않은 사람에게 불안을 느끼게 한 다음 속이기도 한다. 지금부터 불안이 어떻게 우리의 마음을 흔들어놓는지, 그리고 사기꾼들이 불안을 이용해 우리를 어떻게 속임수에 빠뜨리는지 자세히 알아보자.

불안 유발자를 경계하라

노스트라다무스와 정감록

1983년 2월 25일, 학교에서 수업을 듣던 중 갑자기 공습경보 사이렌이 울렸다. 교내 방송에서는 연습이 아닌 실제 상황이라는 멘트가 이어졌다. 순간적으로 진짜 전쟁이 나는구나, 생각했다. 그런데 알고 보니 북한의 이웅평 소령이 미그 19기를 끌고 월남한 것이었다. 당시는 민주 진영과 공산 진영이 첨예하게 갈등과 반목을 보이던 냉전 시대였다. 계속되는 미국과 소련 간의 갈등은 제3차 세계대전이 일어날 것 같은 분위기를 조성했다. 이런 분위기에 편승해 당시에는 제3차 세계대전이나 핵전쟁을 소재로 한 영화나 소설이 인기를 끌었다.

사회 전체에 불안감이 가득했던 20세기 말에는 이미 몇백 년 전 죽은 노스트라다무스가 새삼 입에 오르내렸다. 16세기 인물인 그가 20세기 말에 유명해진 이유는 그의 예언 때문이었다. 노스트라다무스가 1999년에 인류가 종말을 맞을 것이라 예언했다는 것이다. 뿐만 아니라 히틀러의 출현도 맞혔다고 했다. 그가 쓴 예언서를 직접 읽은 사람은 거의 없었지만 시대 상황에 비춰보면 그럴싸해 보였고, 과거에도 맞힌 적이 있다고 하니 믿는 사람들이 제법 많았다.

인류의 종말 같은 큰 사건이 일어날 것이라는 예언은 조선시대에서도 찾아볼 수 있다. 조선 후기는 20세기 말처럼 혼란의 시대였다. 임진왜란과 병자호란 등 연이은 전쟁에 지친 나머지, 또 다른 나쁜 일이 벌어지지 않을까 하는 불안한 기운이 감돌았다. 불안감은 민간인들 사이에 『정감록』 같은 예언서의 유행을 낳았다. 『정감록』은 조선 왕조의 붕괴, 전대미문의 대재앙, 정씨 왕조의 출현 및 새로운 정권 창출을 주요 내용으로 한다.

노스트라다무스나 『정감록』의 예언 대부분은 실현되지 않았다. 노스트라다무스는 정확한 날짜나 시간을 예언하지는 않았다. 그보다는 해석에 따라 1999년, 3997년, 7000년으로 다양하게 볼 만한 여지가 있다. 히틀러의 출현도 비슷했다. 예언서에 'HISTER'라는 글자가 있었는데, 순서를 바꾸면 철자 하나만 틀린 히틀러Hitler가 된다는 것이다. 하지만 이 같은 해석은 후세 사람들이 이미 일어난 결과를 짜 맞추는 데 불과했다. 그럼에도 여기서 비롯된 불안의 효과는 어마어마했다.

사람은 불안할 때 출처가 불분명하고 그럴싸한 이야기에 쉽게 귀를 기울인다. 유언비어도 그렇다. 1938년, 화성인 지구 침공을 주제로 한 오슨 웰스Orson Welles의 라디오 드라마가 방송되었을 때, 100만 명이나 되는 미국인이 피란길에 나섰다. 방송이 된 당시는 제2차 세계대전이 일어나기 전 해로 중국과 일본이 전쟁 중이었고, 히틀러가 그해 3월 오스트리아를 병합하는 등 전쟁의 기운이 전 세계로 퍼지던 시점이었다. 우리나라에서도 한동안 사고 원인이 미궁에 빠졌던 천안함 사건이나 세월호 침몰 사고 등 대형 사건·사고가 날 때마다 여지없이 유언비어가 난무했다.

또 다른 사례도 있다. 유대인이었던 신경정신과 의사인 빅터 프랭클Viktor Frankl은 아우슈비츠 수용소에서 기적같이 살아남았다. 그는 훗날 쓴 『죽음의 수용소에서』라는 책에서, 아우슈비츠 수용소에서도 서로 모순된 전쟁 상황에 대한 소문이 끝도 없이 퍼져나갔다고 기술했다[27].

타인을 쉽게 조종하는 무기, 불안

불안의 또 다른 효과는 다른 사람을 쉽게 조종할 수 있다는 점이다. 히틀러는 제1차 세계대전에서 패배하면서 경제적 어려움을 겪는 등 극도의 불안에 떨고 있는 독일 국민들을 쉽게 조종하고 지배했다. 그는 계속되는 공황과 엄청난 인플레이션의 원인으로 엉뚱하게도 유대인을 지목했다. 독일 국민들은 근거도 없는 그의 이야기를 쉽게 믿고 행동했다.

외부와의 교류가 차단된 상황이라면 조종하기는 한층 쉬워진다. 사이비 교주가 신도를 쉽게 조종할 수 있는 시기도 외부 세계와 격리한 시점이다. 사이비 교주는 일정 시점이 지나면 전쟁, 인류의 종말, 휴거, 재림 등 갖가지 이유를 대면서 바깥세상과 단절된 생활을 강요한다. 사전에 주로 섬이나 외딴 지역의 땅을 집중적으로 구입한다. 그리고 그곳에 집단 거주지를 건설하고 함께 생활하면서 통제 수위를 점점 높여간다. 북한 상황도 마찬가지다. 지금은 많이 나아졌다고 하지만, 외부와의 단절과 끊임없는 불안감 조성은 북한이 3대째 독재 정권을 유지하며 북한 주민을 쉽게 조종할 수 있게 만드는 일등 공신이다.

물론 불안은 부정적인 의미만 있는 감정이 아니다. 오히려 생존하는 데 도움을 주는 자연스러운 감정이다. 불안은 사람을 조심스럽게 만든다. 수풀 속에서 무슨 소리가 날 때 불안해하지 않는다면, 우리는 그 안에 무엇이 있는지도 모르고 무심코 걸어갈 것이다. 그리고 맹수의 위협에서 자신의 생명을 지키지 못할 것이다.

불안은 현 상황을 통제하지 못한다고 생각할 때도 일어난다. 사람들은 능력 이상의 업무를 맡았을 때 불안해한다. 그래서 불안을 해소하기 위해 노력한다. 노력을 통해 업무 수행 능력이 향상되면 불안감은 자신감으로 바뀐다. 하지만 이것이 불가능하다고 생각될 때 불안감은 훨씬 커진다. 예를 들어 자신과 가족, 주변 사람에게 연이은 불행이 생기면 우리는 어쩔 줄 몰라 한다. 왜 이런 일들이 나에게 발생하는지, 어떻게 해야 할지 방법을 찾지 못하기 때문에 불안감은 한층 커진다.

과학기술은 인간의 통제력을 높여주었다. 태풍이 언제 올지, 가뭄이 언제 끝날지 예측하게 해주어 불안감을 잠재워주었다. 하지만 과학기술이 발달하기 전에는 불안에 떨어야만 했다. 이때 해결책을 제시한 사람은 과학자가 아닌 주술사, 제사장 등 무속인이었다. 이들은 자연재해의 원인을 엉뚱한 곳에서 찾았다. 동물을 제물로 바쳐야 자연재해가 와도 생명과 재산을 지킬 수 있다고 주장하기도 하고, 때로는 사람의 목숨을 바치라고 강요하기도 했다. 지금 보면 말도 안 되는 처방이지만 당시에는 이들의 그럴싸한 주장에 쉽게 귀를 기울였다. 이 같은 황당한 이야기는 먼 나라 이야기 같지만 불과 50년 전 한국에서도 자주 일어났다. 처녀를 물에 빠뜨려야 아들의 병이 나을 수 있다는 점괘를 믿은 한 여자가 자신의 집 가사 도우미를 강에 빠뜨려 숨지게 한 사건이 있을 정도였다.

인간은 불안할 때 더 잘 속는다

"돈 고민, 애정 갈등 완전 해결. 사업·승진·시험·취업·건강·결혼·자녀·돈 문제 해결해드림!"

길거리에서 흔히 볼 수 있는 역술인이나 무속인의 광고다. 문구를 자세히 보면 이들의 주 고객층을 알 수 있다. 이들은 돈과 건강, 사업, 인간관계에 문제나 고민이 있는 사람들을 대상으로 삼는다. 모두 자신이 원하는 대로 되지 않아 마음이 불안한 사람들이다.

최근 불안을 해소하는 수단으로 개명을 선택하는 사람들이 늘어나고 있다. 원래 법원은 시민들이 이름을 바꾸는 것을 매우 엄격하게 심사했다. 개명하려고 해도 허가가 잘 나지 않았기 때문에 신청 건수도 적었다. 법적으로 개명하기 어려워지자, 성명학자들은 실제 불리는 이름을 개명한 이름으로 바꿔 불러도 효과가 있다면서 사람들을 설득했다. 그 때문에 얼마 전까지만 해도 법적 이름과 실제 불리는 이름이 다른 사람이 많았다.

그러다가 2005년 11월, 대법원은 범죄를 기도 및 은폐하거나 법령상 제한을 피하려는 불순한 의도가 있지 않는 한 원칙적으로 개명을 허가해야 한다면서 요건을 완화했다. 이 때문에 개명 신청이 급증해 2007년만 해도 허가 건수가 1만 건이 넘었고, 허가율도 90% 이상이었다. 김하녀, 이창년처럼 성명의 의미나 발음이 저속해 놀림감이 되어서 개명 신청을 하는 경우도 있지만, 성명철학상의 이유로 개명하는 경우도 많았다[28]. 여기에는 한글 또는 한자를 모두 바꾸거나 한자만 바꿔도 현재 벌어진 모든 문제를 해결할 수 있다고 속이는 사이비 작명가들도 한몫했다.

불안의 정도는 사람마다 다르다. 팔랑귀가 속임수에 낚이는 이유는 주변 사람 말에 쉽게 흔들리기 때문이다. 자기 주관이 약하다 보니 남의 말에 따라 자신의 생각과 기준을 바꾼다. 바로 조금 전까지 만족하던 일이 다른 사람의 말에 따라 만족스럽지 않은 일로 변한다. 욕심 많은 사람도 쉽게 불안해하기는 마찬가지다. 잘나가는 사람과 끊임없이 비교하는 이들 마음속에서 만족이란 단어는 쉽게 찾을 수 없다. 채우고 싶지만 채우지 못하는 현실 앞에 항상 불안해한다. 그리고 욕망을 빨리 채울 수 있다는 감언이설에 쉽게 흔들린다.

속임수에 당하지 않으려면 쉽게 불안해하지도, 남의 말에 쉽게 흔들리지도 말아야 한다. 결국 필요한 것은 자기 자신을 믿는 마음이다. 자신만의 확고한 기준도 가지고 있어야 한다. 다른 사람이 뭘 했는지, 어떻게 평가하는지 등에 둔감해야 흔들리지 않는다. 그리고 욕심을 없애야 한다. 욕심이 많아 끊임없이 남과 비교하기보다는 자신이 잘하는 일에 집중해야 한다.

그럼에도 계속 불안하다면 결정 자체를 미루는 게 좋다. 사기꾼들은 결정을 미루는 피해자를 그냥 내버려두지 않는 경우가 많다. 빨리 결정하지 않으면 큰일이 일어날 것처럼 분위기를 조성한다. 하지만 건강상의 문제가 아니고서야 일상에서 급하게 결정해야 할 상황은 거의 없다. 안정된 상태에서 결정해야 실수가 더 적다. 그래야 반대 의견이나 다른 가능성을 살필 여유가 생긴다. 이렇게 하면 문제를 좀 더 객관적으로 보고 상대의 허무맹랑한 이야기에 쉽게 현혹되지 않을 수 있을 것이다.

인과관계에도 함정이 있다

내 귀에 도청 장치가 있어요!

1988년 8월 4일 저녁 9시였다. 서울올림픽을 한 달여 남긴 시점에서 우리나라 방송 사상 최고의 방송 사고가 MBC 〈뉴스데스크〉에서 발생했다. 한 남자가 생방송 중 MBC 뉴스 룸에 난입해 앵커를 밀친 후 마이크에 대고 "시청자 여러분, 내 귀에 도청 장치가 있습니다!"라고 외쳤다. 남자는 곧바로 방송국 직원에게 붙잡혀 끌려 나갔지만, 해외 토픽에 나올 정도로 화제가 된 사건이었다[29]. 당시 현장을 목격한 앵커 백지연 씨는 훗날 "생방송 도중에 낯선 사람이 들어오기에 웬 기자가 속보를 전달하려는 줄 알았다. 아무리 기자라도 원래 카메라 라인으로 들어오면 안 되는데, 그 사람이 선을 넘어 순식간에 들어온 것을 보고 뭔가 이상하다고 생각했다"라면서 당시를 회상했다.

수사를 하다 보면 이 남자와 비슷한 사람들을 가끔 볼 수 있다. 성별도 겉모습도 다르지만 이들의 주장은 엇비슷하다. 정보기관을 고소한 한 남자는 처음부터 여느 고소인과 달라 보였다. 몇 번이나 방문을 열고서 들어왔다 나가기를 반복했다. 눈빛도 누군가에게 쫓기는 사람처럼 불안정했다. 그는 자신이 정보기관에서 감시를 당하고 있다고 주장했다. 그러면서 지금까지 자신을 미행해온 수많은 차량 번호를 적은 노트를 꺼냈다. 또 차량으로 이동할 때뿐 아니라 집에서도 TV나 라디오를 통해 계속 도청당하고 있다고 주장했다. 게다가 최근 일어난 중요한 사건들이 모두 자신의 머릿속에서 나왔다고 말하기까지 했다. 남자의 주장은 단순하고 명쾌하며, 확신에 차 있었다.

이런 설명을 듣고 있노라면 세상은 '음모'로 가득 차 있는 듯했다. 하지만 전혀 관련 없이 벌어진 사건들이 관계가 있다고 짜맞췄을 뿐이다. 증거와 결론 사이에 논리적 비약도 심했다. 다시 말해 인과관계가 없는 것을 마치 있는 것처럼 주장하는 것이다. 이런 사람들을 흔히 조현병 환자라고 한다. 예전에는 정신분열

증이라 불리던 조현병 환자 중 60~70%는 타인이 자신을 감시하거나 죽이려 한다는 피해망상과 관계망상 증상을 보이고, 약 30%는 자신이 이 세상을 구원할 메시아라면서 과대망상과 종교망상을 보인다.

이들의 머릿속에는 자신과 다른 설명이나 논리가 들어갈 틈이 없다. 현실적으로 검증할 수 있는 능력이 손상되어 주변 정보를 잘못 해석하며, 명백하고 합리적인 증거를 들이밀어도 자신의 생각을 굽히지 않는다. 오직 본인만의 그럴싸한 이야기에 평생 사로잡혀 살아간다. 앞서 MBC 뉴스데스크에 난입한 남성은 축구를 하다가 축구공을 귀에 세게 맞은 후부터 심한 이명 현상과 조현병 증세가 나타난 것으로 밝혀졌다.

그런데 정상인도 정도의 차이는 있지만 조현병 환자와 비슷한 경험을 할 때가 있다. 전혀 관계가 없어 보이는 사건 간에 어떤 연결 고리가 있는 것처럼 쉽게 착각한다. 일정한 시간 간격을 두고 일어났다는 이유만으로 말이다. 수백 년의 역사를 지닌 행운의 편지도 이런 심리를 이용한 것이다. 행운의 편지 내용을 다시 떠올려보자. '미국의 케네디 대통령은 이 편지를 받았지만 그냥 버렸고, 9일 후 그는 암살당했습니다'라고 적혀 있다. 언뜻 보면 케네디 대통령이 편지를 버렸기 때문에 9일 후 암살된 것처럼 느껴진다. 편지 내용 대부분이 거짓말이겠지만, 만약 사실이라고 하더라도 편지와 암살은 일정 시간 간격을 두고 일어난 사건에 불과하다. 그리고 이들이 서로 관련되어 있다는 논리적 증거는 없다. 그럼에도 사람들은 일정 시간을 두고 벌어진 사건 간에 인과관계가 있는 것처럼 쉽게 착각한다.

실생활에서도 인과관계에 대해 자주 착각한다. 간단한 예를 들어보자. A라는 사람이 중병에 걸렸다. 낫기 위해 열심히 기도하던 중 우연히 하늘에서 수많은 유성이 떨어지는 것을 보았다. A는 어떻게 생각할까? 유성이 기도에 대한 신의 응답이나 계시라고 여길 가능성이 높다.

한편 B는 유성이 떨어질 것이라는 예보를 들었다. 그리고 며칠 후 실제로 기도하던 중 유성을 목격한다. B 역시 유성이 신의 계시라고 여길까? 그렇게 여기지 않을 가능성이 높다. 기도를 하다가 때마침 유성을 본 것이라고 생각할 뿐이다. 두 사람 모두 기도 중 유성을 봤다는 사실은 같다. 하지만 인과관계를 해석하는 사고방식이나 알고리즘은 완전히 달랐다.

동양인은 서양인에 비해 인과관계에 대한 착각에 더 잘 빠진다. 이는 동양인의 사상 체계와 관련이 깊다. 동양인은 사물이나 상황이 모두 서로에게 영향을 준다고 생각한다. '우주의 기운이 다 연결되어 있다'라는 식의 사고가 뿌리 깊다. 그러므로 주변의 무수한 환경이 결과에 영향을 미친다고 생각한다. 이런 사고는 점성술에 대한 굳은 믿음과도 이어진다. 점성술은 천문학적인 현상과 지구상의 사건이 깊이 연관되어 있다는 믿음에서 출발한다. 특히 인도에서 점성술의 힘은 절대적이다. 하루 종일 점성술사들이 출연자의 운명을 봐주는 채널이 있을 정도다. 심지어는 뭄바이 고등법원이 '점성술은 과학'이라는 판결을 내리는 등 인도에서 점성술은 종교와 문화를 떠나 과학 대접을 받고 있다. 우리가 믿는 풍수나 관상도 비슷하다. 살고 있는 집터와 조상의 묏자리, 얼굴 형태, 집 안 살림살이 배치 등이 현재 우리가 하는 일과 깊은 연관이 있다고 생각한다.

제대로 된 인과관계를 알아야 속지 않는다

사기꾼들은 불안할수록 인과관계를 착각하는 인간의 심리를 악용한다. 이들은 '조상님'처럼 보이지 않는 존재, 현재 처한 상황을 연결 지어 그럴싸한 이야기를 만든다. 현재 일이 잘 안 풀리거나 건강이 좋지 않은 사람에게 조상의 묏자리를 잘못 써서 문제가 일어났다고 겁을 준다. 그러면서 이장 비용이나 제사 비용을 명목으로 바가지를 씌운다. 운동선수가 좋은 기록을 내지 못한 원인에 대해 자질이나 노력보다는 장소를 탓하는 격이다.

조상과 묏자리에 대한 이들의 주장에 대해 백번 양보하더라도 이런 요인들은 간접 요인에 불과하다. 직접 요인을 제쳐놓고 간접 요인만 강조하는 태도는 상식적이지 않다. 이런 허무맹랑한 주장에 속지 않으려면 정말로 관계가 있는 것을 제대로 파악할 수 있어야 한다. 만약 별 상관없는 간접 요인만 강조한다면 이들 주장의 진위 여부를 의심해봐야 한다.

사기꾼들은 결과에 영향을 미치는 여러 요인 중 하나만 과장해 강조한다. 불치병을 고친 간증(종교적 체험을 고백함으로써 신의 존재를 증언하는 일)에서도 이런 경우를 심심치 않게 볼 수 있다. 간증자는 기도의 힘으로 병을 고쳤다고 이야기한다. 병이 치유되었다는 사실과 질병 사이에 직접적인 인과관계가 있는 것처럼 말이다.

하지만 정말로 인과관계가 존재하려면 치료를 위한 다른 방법을 일절 사용하지 말아야 한다. 기도가 병 치료에 효과가 있다는 것이 사실이라면, 기도원에 들어간 대부분의 불치병 환자들은 오랫동안 생존해야 한다. 하지만 현실을 보면 극소수만 살아남고 대부분은 사망한다. 간증자는 살아남은 극소수다. 그들 중 대부분은 다른 치료를 병행하면서 기도 효과를 본 사람들이다. 하지만 간증 당시에는 분위기에 눌려 이런 의문을 제기하지 못한다. 간증자들도 이런 정보는 숨긴다.

사람들은 사실과 다른 이야기를 하는 것만을 거짓말이라고 생각하는 경향이 있다. 이 기준에 따르면 중요 정보를 숨기는 것은 거짓말이 아니다. 하지만 사실과 다른 이야기를 하는 것만큼, 중요한 정보를 이야기하지 않는 것도 착각을 쉽게 불러일으킨다. 만병통치약이라고 홍보하는 사람의 말도 이와 비슷하다. 이것만 먹으면 모든 병이 낫는다고 선전한다. 그러면서 효과를 본 한두 사람의 말을 인용한다. 효과를 본 사람들이 다른 치료를 병행했거나 약을 복용했는지, 어떤 조건 아래에서 그런 결과가 나왔는지 알려주지 않는다.

이처럼 인과관계를 가려낼 수 있는 질문에 명쾌하게 답하지 못한다면, 상대의 주장을 의심해봐야 한다. 사건과 사건, 현상과 현상 사이의 인과관계를 정확하게 파악하려는 습관, 좁게 보고 구체적으로 따지는 습관을 기른다면 이야기의 진위 여부를 쉽게 가려낼 수 있다.

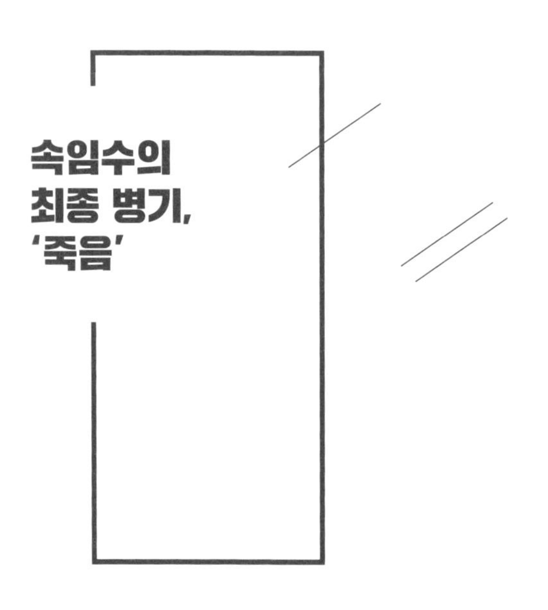

속임수의 최종 병기, '죽음'

아나킨은 왜 배신했을까?

영화 〈스타워즈 에피소드 3 : 시스의 복수〉에는 악의 제왕 다스 시디어스가 젊은 제다이 아나킨을 유혹하는 장면이 나온다. 아내가 죽을지도 모른다는 공포에 휩싸인 아나킨에게 다스 시디어스는 전지전능한 힘을 주겠다며 유혹한다. 그 힘으로 아내를 죽음에서 구할 수 있다고 속인다. 결국 아나킨은 악의 무리에 합류해 동료들을 죽이라는 제왕의 명령에 따른다. 그러나 그렇게 손에 피를 묻혔음에도 그토록 살리려고 했던 아내는 죽는다. 이제 동료들에게도 돌아갈 수 없게 된 아나킨은 악의 제국의 2인자가 되어 제왕의 명령을 충실히 이행한다.

그런데 이런 설정은 영화 속 상상의 세계에서만 존재하는 것이 아니다.

"나는 무엇이든 할 수 있는 사람이니 나를 믿어라. 당신의 두 아들은 모두 박수무당이 될 것이고, 당신은 57세에 죽을 것이다. 아무 생각 말고 또한 이유도 묻지 말고 나를 기분 나쁘게 하지 않고 내가 시키는 대로 무조건 복종하라. 그러면 모든 액운을 없애주고 자연의 기를 많이 받아 늘 건강하고 자식도 아무 탈 없이 살도록 해주겠다[30]."

2007년 대법원에서 선고된 사건에 등장하는 현실 속 사이비 종교 교주는 〈시스의 복수〉에 나오는 악의 제왕처럼 말했다. 자신을 가리켜 타인의 운명을 바꿀 수 있는 절대자라고 주장한 것이다. 그리고 자신을 믿지 않으면 큰 재앙을 당한다고 속여 신자들에게서 돈을 빼앗았다.

무엇이 영화 속 아나킨이나 이 사건의 피해자들로 하여금 타인의 말에 무조건 따르게 만든 걸까? 바로 '죽음'이라는 공포였다. 사실 죽음만큼 사람을 두렵게 만드는 것도 없다.

죽음의 공포를 이용하는 사람들

인간은 얻는 것보다는 잃는 것에 대해 더욱 주목하고 대처하도록 진화했다. 사회학자 마이클 셔드슨Michael Schudson은 신문의 역사를 분석한 결과, 신문사 역시 부정적이고 저속한 이야기를 내세워 독자의 주목을 끌고 인지도를 끌어올렸다고 밝혔다. 부정적 평가는 인간의 뇌와 신체를 경계 태세에 돌입하도록 만든다. 반박할지 회피할지 고민한다. 심각한 위험을 감지하면 싸움 또는 도주의 반응이 일어나 뇌를 통제한다. 사람은 공포를 느끼면 그것을 유발하는 대상이나 상황에서 벗어나려고 한다.

그런 면에서 잃는 것에 대한 두려움은 속임수에서 많이 사용하는 도구다. 보이스 피싱에서 사기꾼들은 개인 정보가 유출되었다면서 보호해주는 척하고는 돈을 빼낸다. 사이비 역술인들도 비슷하다. 사주는 전체의 균형과 조화를 통해서 보아야 한다고 전문가들은 말한다. 하지만 사이비들은 한두 개의 단편적인 면을 보면서 죽음과 연결된 공포를 조성하고 자극한다. 공포를 느낄 때 우리는 거의 일어날 가능성이 없는 일조차 당장 눈앞에 일어날 것처럼 착각한다.

죽음에 대한 공포나 불안감은 없던 인과관계도 만들 정도로 강력하다. 불치병에 걸린 사람은 자신이 과거에 착하게 살지 않아서 나쁜 병에 걸린 건 아닌가, 자책하기도 한다. 마음을 잘못

썼다고 해서 불치병에 걸리는 게 아닌데도 극도의 불안감 때문에 엉뚱한 곳에서 원인을 찾으려고 한다. 제대로 된 종교인이나 상담가라면 상대의 약점을 이용하려 들지 않을 것이다. 불안감을 잠재우려고 노력할 것이다. 두려움, 불안, 공포에서 도피하게 만드는 것이 아니라 끈기와 인내심을 가지고 조금씩 생각을 바꾸어 스스로 극복하도록 도와준다.

하지만 사기꾼은 반대로 행동한다. 불안을 잠재우기보다는 이용하는 것이다. 악의 제왕이 아나킨을 이용한 것처럼 상대를 조종하려고 한다. 이들은 두려움의 실체와 마주 보고 문제를 해결하도록 만들기보다는 검증하기 어려운 것, 즉 귀신이나 조상, 우주, 전생, 이름, 운명 등에서 원인을 찾는다. 그리고 오직 중개자인 자신을 통해서만 공포의 실체를 볼 수 있고 제거할 수 있다고 한다. 자신을 믿고 따르면 공포는 금세 사라질 것이라고 자신 있게 큰소리친다. 물론 그 대가는 거액의 돈이나 현물이다.

죽음은 과거와 현재에도 그랬고 미래에도 역시 속임수의 영원한 재료가 될 것이다. 그만큼 인간에게 죽음은 극복하기 힘든 두려운 대상이기 때문이다. 누군가가 죽음이나 공포심을 이기기 쉬운 방법이 있다면서 유혹한다면 당신을 조종하려는 시도임을 잊지 말자. 자신을 대신해 다른 누군가가 죽음의 공포와 두려움을 없애거나 이길 수 있는 방법은 없다.

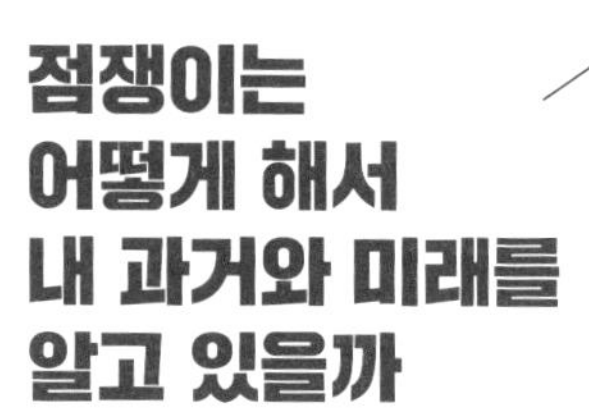

점쟁이는 어떻게 해서 내 과거와 미래를 알고 있을까

역술인을 찾아가 점을 봤다고 가정해보자. 역술인은 두 가지를 이용할 가능성이 높다. 바로 '신뢰'와 '불안'이다. 그중 먼저 신뢰 전략을 쓴다. 미래를 알고 싶은 사람들이 찾는 업종의 특성상, 신뢰를 쌓는 지름길은 과거를 맞히는 것이다. 실제로 '용한' 역술인은 과거를 잘 맞히는 사람이다.

하지만 사이비 역술인은 당신의 과거를 실제로는 알지 못한다. 대신 과거를 맞히는 것같이 착각하게 할 뿐이다. 앞서 전문가라면 무조건 믿는 인간의 심리를 언급한 적이 있다. 역술인도 이를 적절히 이용한다. 전문가임을 알리기 위해 광고도 하고 TV에 나온 사진이나 신문 인터뷰 기사, 감사패를 입구나 응접실에 전시해놓는다. 의사가 자신의 실력이나 전문성을 홍보하는 방법과 유사하다. 국가기관 주최 역술인 대회에 입상했다고 허위·과장 광고를 하기도 한다. 상장이나 트로피를 자세히 보면 이름도 없는 사설 단체에서 주관한 경우가 대부분이다.

심지어 요즘에는 명문대를 졸업한 신세대 역술인이 인기다. 공부를 잘하면 뭐든지 잘할 것이라고 착각하는 심리를 이용한다. 그 때문에 눈에 잘 띄는 곳에 대학교 졸업장을 걸어놓는다. 본인 스스로 유명 연예인, 정치인, 재벌 회장 등이 다녀간 곳이라는 말을 슬쩍 흘리기도 한다.

일부는 경계심을 푸는 또 다른 방법으로 권력을 이용하기도 한다. 권력은 대개 직위에 의해 생기거나 다른 사람이 부여하는 게 일반적이다. 하지만 때로는 스스로 부여한 권력도 힘을 발휘할 수 있다. 사이비 역술인의 경우 처음부터 대뜸 반말을 하거나 '동자' 또는 '장군' 흉내를 내면서 자연스럽게 반말을 한다. 신이 들어왔다 나갔다 하는 과정을 보여주기 위해 1인 2역을 연기하는 경우도 있다.

더 효과적인 방법은 바람잡이를 동원하는 경우다. 예를 들어 무속인 옆에 조력자가 있어 그가 무속인의 방언을 해석한다.

그렇게 되면 두 명이 한꺼번에 당신을 압박하는 상황이 연출된다. 이렇게 해서 권력을 획득하면 사이비 역술인과 당신은 자연스럽게 상하 관계가 된다. 상하 관계는 복종 효과로 이어진다. 특히 상하 간의 위계질서를 중시하는 우리 사회에서는 더욱 효과적이다. 일단 상하 관계가 성립되면 상대가 틀린 말을 해도 대들거나 반발하기가 어려워진다. 이런 상황에서 역술인이 명백히 틀린 말을 해도 '무슨 이유가 있을 거야'라고 생각하면서 나름의 의미를 찾으려고 한다. 권력의 힘은 일단 형성되면 관계를 유지하는 내내 효과를 발휘한다.

한국 사회에서 가장 인기 있는 이론 중 하나가 '혈액형 성격학'일 것이다. 우리는 곧잘 혈액형과 성격에 어떤 관계가 있다고 생각한다. A형은 소심하거나 예민하며, B형은 제멋대로이고 자유분방하다고 여긴다. O형은 쾌활하고 사교성이 좋으며 AB형은 상상력이 풍부하고 엉뚱하다는 식이다. 이제까지 수많은 연구를 통해 혈액형과 성격이 아무런 관련이 없다는 것이 밝혀졌음에도 사람들은 여전히 믿는다. 왜일까?

두 가지 이유를 들 수 있다. 첫째는 고정관념의 힘이다. 선입견은 그 사람이 지닌 다른 면을 보지 못하게 막는다. 상대가 특정 혈액형임을 알게 되는 순간, 사람들은 기존에 알고 있는 혈액형의 특징에 해당하는 행동에만 주목한다. 둘째는 사람의 성격에는 극단이 없기 때문이다. 쉽게 말해 앞서 언급한 각 혈액형의 특징은 사실 혈액형과 상관없이 모든 사람이 어느 정도 지니고 있는 면이다. 그런데도 코에 걸면 코걸이, 귀에 걸면 귀걸이가 되어 많은 사람들이 이런 성격을 자신만의 것이라고 착각한다. 사이비 역술인도 마찬가지다. 과거를 맞힐 때 혈액형 성격학과 비슷한 방법을 사용한다.

애매할수록 그럴듯하게 들린다 : 콜드 리딩

혈액형 성격학과 비슷한 방법을 이용한 사람 중 가장 유명한 사람은 피니어스 테일러 바넘Phineas Taylor Barnum이다. 바넘은 19세기 말 미국의 서커스단에서 일했는데, 관람객들의 성격을 알아맞히는 마술로 유명 인사가 되었다. 많은 사람들은 그가 속임수를 쓴다는 생각에 스스로 무대에 나갔지만, 어떤 속임수를 쓰는지 알아내는 데 실패했다.

바넘의 속임수는 그로부터 수십 년이 흐른 1940년대 말, 심리학자인 버트럼 포러Bertram Forer가 밝혀냈다. 포러는 학생들에게 새로 제작한 성격 검사라면서 검사를 실시했다. 일주일 후 학생들의 이름이 적힌 검사 결과지를 나눠주었다. 결과지에는 각자의 성격이 묘사되어 있었다. 포러는 타인의 검사 결과는 보지 않게 한 후, 검사 결과와 실제 자신의 성격과의 일치도를 0점(전혀 정확하지 않다)에서 5점(매우 정확하다)까지 매기게 했다. 학생들이 매긴 점수는 평균 4.26점으로, 대부분의 학생들이 실제 자기 성격과 일치한다고 판단했다.

그런데 여기에는 중요한 함정이 있었다. 결과지 내용이 모두 동일했던 것이다. 그럼에도 학생들은 모두 결과지 내용이 자신의 성격과 일치한다고 생각했다. 결과지에는 대체 어떤 내용이 쓰여 있었을까?

당신은 사람들이 당신을 좋아하거나 존경했으면 좋겠다고 생각한다. 당신은 비판적인 경향이 있다. 당신은 장점으로 살리지 못한 능력을 가지고 있다. 비록 약점도 있지만 그에 대한 대응책을 가지고 있다. 겉으로 보기에는 스스로를 잘 통제하는 것 같지만 사실 그렇지 못하다. 때때로 당신은 옳은 결정을 했는지 심각하게 고민하곤 한다. 당신은 변화와 다양성을 선호하지만 한계에 부딪힐 때면 만족하지 못한다. 당신은 자신이 독립적으로 사고하는 사람이라고 여기기 때문에 확실한 증거가 없이는 사람들의 말을 수용하지 않는다. (이하 생략)

자세히 읽어보면 누구에게나 해당하는 당연한 말이다. 이런 것을 바넘의 이름을 따서 '바넘 효과Barnum Effect'라고 부른다. 다른 말로는 '자명한 이치truism'라고도 한다. 남의 마음을 파악하는 독심술에서도 자주 사용되는 방법이다. 이때 중요한 것은 연출이다. 전혀 의심할 수 없이 아는 듯한 느낌을 주면서 자신 있고 확신에 찬 목소리와 톤으로 말해야 한다.

우리나라에서도 유사한 사례가 있다. 2007년 8월 17일 KBS 〈소비자 고발〉에서는 카메라를 설치하고 실험을 했다. 홍대 한 길목에 천막을 치고 사주를 보러 오는 사람에게 누구나 공감할 만한 이야기 세 가지를 공통적으로 들려줬다. '당신은 외향적이면서 내성적인 성격이다', '당신은 머리가 좋다', '당신은 고집이 있다'라는 말이었다. 그런 다음 사주를 보고 나온 20명에게 잘 맞혔는지 여부를 물어보았다. 모두 같은 이야기를 들었음에도 다들 제대로 맞혔다고 대답했다[31].

"전체적인 운은 좋게 타고났네요. 하지만 현재 원하는 대로 되지 않는 일이 몇 가지 있군요. 가족 간에 불화가 있을 수 있네요. 건강도 조심하셔야 합니다. 하지만 앞으로는 잘될 운명입니다."

이 말에 해당하지 않는 사람이 몇 명이나 있을까? 누구나 원하는 대로 되지 않는 일이 한두 가지 있을 것이다. 가족 간의 사소한 불화도 마찬가지다. 나이가 들수록 건강은 당연히 나빠진다. 그리고 마지막에는 약간의 희망 섞인 말도 들려준다. 당신이 역술인을 찾아온 이유는 현재 안고 있는 문제를 해결하기 위해서다. 결국 역술인은 당신이 원하는 대답을 해주어야 신뢰를 얻을 수 있다.

성격을 언급할 때도 인상과 반대로 이야기하면 쉽게 남을 속일 수 있다. 예를 들어 인상이 조금 사나운 사람에게는 이렇게 말한다.

"좀 드세 보이고 독립적이지만 마음은 한없이 여리고 외로움도 많이 타네요."

반대로 인상이 부드러운 사람에게는 이렇게 말한다.

"겉은 부드러우나 안에는 강직하고 독립적인 면이 있네요."

누구나 쉽게 할 수 있는 말이고, 동시에 누구에게나 해당되는 말이다. 하지만 듣는 사람은 너무나 쉽게 자기만의 이야기라고 믿어버린다.

상담받으러 온 사람의 과거와 현재를 알고 있다는 느낌을 주기 위해 활용하는 원칙이 하나 더 있다. 정확하게 말하기보다는 최대한 애매하게 이야기하는 것이다. 애매하게 이야기함으로써 듣는 사람이 여러 의미로 해석할 수 있는 여지를 둔다. 이처럼 사전 정보가 없는 상태에서 상대의 마음을 간파하는 방법을 '콜드 리딩cold reading'이라고 한다. 콜드 리딩의 핵심은 '애매할수록 그럴듯하게 들린다'는 점이다. 두루뭉술하게 질문하고 암시적으로 말하면, 의뢰인들은 각자 자신의 상황과 연결해 스스로 해석을 내린다.

물론 정반대 효과로 상대를 속이는 방법도 있다. 이를 '핫 리딩hot reading'이라고 한다. 콜드 리딩과 달리 의뢰인의 정보를 사전에 몰래 알아낸 다음, 모르는 척하면서 상대의 과거와 현재를 알아맞히는 방법이다. 상대의 정보를 사전에 몰래 알아내기 위해 소개해준 사람과 짜는 경우도 있고, 우연히 들은 내용을 이용하기도 한다.

실제로 기도원에서 예언자 행세를 하던 사람은 A신도에게 친구인 B신도의 사정을 물었다. 그러면서 자신에게 한 이야기를 다른 사람에게 하지 말라고 신신당부한 다음, B신도에게는 신의 계시를 통해 당신의 운명을 봤다고 속였다. 또 어느 무속인은 미용실에 갔다가 위중한 병에 걸린 남편을 병간호하는 여자의 사연을 우연히 엿들었다. 이후 그녀를 상대로 현재 처한 상황을 정확히 알아맞히는 척하면서 신뢰를 쌓은 일도 있었다.

누군가의 이야기가 나에게만 특별히 해당하는 것으로 생각하고 귀가 번쩍 뜨일 수 있다. 하지만 명심하자. 그 뒤에는 우리가 상상하지 못했던 속임수가 도사리고 있을지도 모른다.

신뢰를 쌓아가는 첫 단추 : '넘겨짚기'

전문가에게 심리 상담을 받을 때 의사나 상담사가 내담자와 가장 먼저 하는 것은 신뢰 관계를 형성하는 것이다. 상담자는 이 과정을 통해 긴장감도 풀고 마음 깊은 곳에 있는 이야기를 꺼낼 준비를 할 수 있다. 그런 다음 의사나 심리 상담사는 내담자가 상담을 받고 싶은 이유, 현재 상태 등에 대해 질문한다.

이는 큰 테두리 안에서는 앞서 본 사이비 역술인의 상담 절차와 비슷하다. 하지만 둘 사이에는 결정적인 차이가 있다. 우리가 역술인을 만날 때 기대하는 것은 심리 상담처럼 직접적인 질문을 통해 현재 상태를 알아내는 것이 아니다. 대부분은 역술인이 점집을 찾은 이유까지 꿰뚫어 보는 신통력을 보여주길 기대한다. 그렇기 때문에 역술인은 심리 상담의 경우처럼 '무엇이 문제이고 어떤 도움이 필요한지' 직접 물어봐서는 안 된다. 그럴 경우 실력을 의심받을 수 있다. 대신 최대한 묻지 않는 것처럼 보이면서 상대가 온 이유를 스스로 알아내야 한다.

묻지 않는 것처럼 보이면서 상대의 답변을 유도하는 가장 좋은 방법은 '넘겨짚기'다. 역술인이나 무속인을 찾는 이유는 크게 돈, 건강, 인간관계로 나눌 수 있다. 현실에서 부딪히는 문제 중 대부분은 이 세 가지 범위에 포함된다고 해도 과언이 아니다. 물론 이 세 가지가 서로 얽히고설켜 명확히 구분하기가 어려운 경우도 많다. 돈 때문에 인간관계가 나빠질 수 있고, 건강 때문에 많은 돈이 들어 문제가 될 수도 있다. 그러므로 일단 세 가지 중 하나만 골라 넘겨짚는 질문을 할 경우, 틀리더라도 얼마든지 변명할 수 있다.

예를 들면 "현재 사주를 보니 돈에 문제가 있어 보이는데…" 하고 말끝을 흐리면서 이야기를 꺼낸다. 그러면서 상대의 반응을 주의 깊게 살펴본다. 만약 이 말이 맞는다고 생각한다면 내담자는 어떻게 알았느냐면서 자신의 문제를 보다 자세히 털어놓을 것이다. 그게 아니라면 이내 부정적인 반응을 보일 것이다.

그런데 안타깝게도 사기꾼들은 변명을 잘한다. 변명하는 방법은 크게 두 가지다. 첫째는 질문의 의미를 재해석해 먼저 한 질문이 맞는다는 식으로 말하는 것이다. 예를 들어, "돈은 별문제가 없고 가족 관계가 문제인데요"라고 반론을 제기할 수 있다. 이럴 때는 "돈 문제 때문에 인간관계도 상하는 경우가 많다"면서 질문의 범위를 확장해서 말하는 식이다.

두 번째는 질문에 대한 시간 범위를 확장하는 방법이다. 예를 들어, 내담자가 "돈은 별문제가 없고 가족 관계가 문제인데요" 라고 반론을 제기하면, "지금은 아니더라도 앞으로 돈 문제가 생길 가능성이 높다"라면서 시간 범위를 확장한다. "건강 문제 같은데…"라는 말에 대해 부정적인 반응을 보이면, 지금은 문제가 없지만 미래에 건강 문제가 생길 것이라고 대답한다. 그렇게 하면 상대는 쉽게 반박하지 못한다[32].

인간관계에서도 "부부 간에 갈등이 있는 것 같은데?"라면서 상대의 마음을 떠본다. 이때 조금이라도 반응이 있으면 "부인(남편)이 참 착한데 남편(부인)은 그것을 잘 모르는 것 같다"라면서 눈앞에 있는 상대의 마음을 어루만지는 척한다. 사람은 문제가 생기면 남을 탓하는 경향이 강하다. 사기꾼은 그런 성향을 적극적으로 이용한다. 그러면 상담받으러 온 사람은 배우자를 탓하면서 자신의 고민을 소상히 털어놓는다.

사이비 역술인은 넘겨짚기 질문을 통해 상대의 문제를 파악한 후, 미래를 예언하기 시작한다.

"현재 건강에는 문제가 없지만 앞으로 당뇨나 심장병 같은 것이 올 수 있어요. 폐 기능도 약해질 겁니다. 말년에는 자식과도 문제가 생길 가능성이 높습니다."

미래에 대한 예언은 과거를 맞히는 것에 비해 식은 죽 먹기다. 아무도 미래의 일을 알 수 없기 때문에 추궁당할 염려가 없기 때문이다. 그렇다고 아무렇게나 말하면 안 된다. 형편없다고 소문이 나면 향후 사업에 지장을 줄 가능성이 높기 때문이다. 이때도 앞서 말한 바넘 효과를 이용한다.

나이가 들수록 누구나 당뇨나 심혈관 질환이 생길 가능성이 높고, 폐 기능도 젊을 때에 비하면 당연히 약해진다. 그런데 내담자가 역술인에게 신통력이 있다고 믿는 상황에서 이런 말을 들으면, 당뇨나 폐·심장 질환이 있는 친척들을 떠올리며 자신에게 해당하는 이야기처럼 생각한다. 40~50대 여성에게는 폐경에 따른 부인과 질환이 나타나기 쉽기 때문에 자궁이나 난소 질환이 보인다고 말한다. 중년 남성들에게는 간이나 신장을 조심하라고 한다.

그러면서 콜드 리딩의 핵심인 '애매할수록 그럴듯하게 들린다'를 다시 이용한다. 내용을 구체적으로 이야기하기보다는 최대한 포괄적이고 여러 의미로 해석할 수 있게 말한다. "앞으로 대운이 들어올 사주니 좋은 일이 많이 있을 것이다"라고 말하면, 듣는 이는 자신의 경험과 꿈에 맞추어 새로운 이야기를 구성한다. '좋은 일'이 무엇인지 구체적으로 알 수 없으니 각자 다양한 해석을 할 수밖에 없다.

"곧 소중한 인연을 만날 것입니다"라는 말도 마찬가지다. 소중한 인연이라는 게 대체 무엇인가? 누구나 다 할 수 있는 말이라고 의심하기보다는 상상의 나래를 펼치는 경우가 많다.

지갑을 열게 만드는 공포 마케팅 : '문간에 발 들이기'

예언만으로 그들이 받을 수 있는 수입은 한정되어 있다. 그렇기 때문에 비싼 부적을 쓰거나 굿을 하도록 유도한다. 이때 이들이 이용하는 심리 역시 공포심이다. 공포는 사랑처럼 생각을 협소하게 만든다. 놀이동산에 있는 귀신의 집에 들어갔을 때를 상상해보자. 그 안에서는 공포로 시야가 좁아져 주변 사물을 잘 보지 못한다.

"삼재와 진상문이 겹쳤어", "남자 귀신이 달라붙어 남자가 안 생겨" 등 현재 고민하는 문제를 더 크게 부풀린다. 안 그래도 예언자의 말을 듣지 않아 고생한 사람들의 이야기는 너무나 익숙한 주제 아닌가. 익숙한 이야기는 100% 사실처럼 다가와 상대의 말을 거부하지 못하게 만든다. 이쯤 되면 듣는 사람은 이성적인 판단을 하기가 어려워진다. 그리고 이내 사이비 역술인이나 무속인이 원하는 방향으로 움직이게 된다.

일반적으로 여성이 남성에 비해 무속인과 역술인을 찾는 비율이 압도적으로 높다. 여성은 남성에 비해 공포에 약하다. 특히 한국 문화 특성상 여성은 자식 문제에 민감하다. 사이비들은 이 부분을 집중적으로 공략한다.

"아드님 사주에 아주 좋은 학교가 있어요. 서울대학교 입학에 국비 장학금을 받는다고 점괘에 나옵니다. 노벨상도 탄다고 나오네요. 그런데 사주팔자는 좋은데 이름이 그걸 못 따라가요. 이름을 바꿔야 타고난 자기 사주를 받을 수 있어요."

성명학자는 원인(이름)과 결론(서울대학교, 국비 장학금)을 비약적으로 연결한다. 과연 이름만 바꾸면 성명학자가 말한

대로 모든 것이 잘 풀려 노벨상을 받게 될까? 터무니없는 말임에도 이들 간에 인과관계가 있는 것처럼 쉽게 착각한다. 피해자들의 진술을 들어보면 공포를 느끼는 상황에서 그들이 제시한 해결책을 거절하기는 상당히 어렵다고 했다.

게다가 사이비 무속인은 내담자를 한 번 더 압박한다. 그들이 말한 처방에 대해 선택의 여지를 주지 않고, 굿이나 부적을 하는 것을 전제로 질문을 하면서 압박한다. 예를 들어 굿을 할 것인지 의사를 물어보는 대신 굿을 하는 것을 전제로 이야기한다. "돌아가신 고모를 위해 굿을 해줘야 해! 그래야 네가 큰 덕을 볼 수 있어"라고 이야기하면서 "언제 할 거야?"라고 연이어 묻는다. 상대에게 압도당했을 때는 질문만 바꿔도 쉽게 조종당한다.

일부 사이비 무속인은 돈을 받지 않고서 기도해주겠다며 솔깃한 제안을 한다. '공짜'라는 미끼를 쓰는 것이다. 내담자는 무료라는 말에 별다른 의심을 하지 않는다. 돈에 연연하지 않고 정말로 나를 위해주는 사람이라고 착각한다. 하지만 얼마 후 본색을 드러낸다. 기도 중에 조상을 보았는데 조상을 잘 모시지 않으면 큰일이 난다든지, 꿈에서 당신 조상을 보았는데 굿을 해야 한다든지 등 갖가지 핑계를 대면서 돈을 요구한다. 이것을 '문간에 발 들이기' 전략이라고 한다.

이 전략을 가장 쉽게 볼 수 있는 곳이 마트의 시식 코너다. 일단 무료로 시식하게 한 다음 제품을 구입하도록 권한다. 문간에 발 들이기 전략의 핵심은 별 부담 없는 예비 행동을 유도해 상대를 참여 또는 개입시키는 것이다. 이후 본래 목적한 부담스러운 행동을 요구한다. 이때 상대는 일관성을 유지해야 한다는 압박에 요구하는 대로 행동한다.

사이비 무속인이 하는 굿은 한 번으로 끝나는 경우가 드물다. 굿을 하는 도중에 무언가를 봤다면서 추가로 굿을 해야 한다고 상대를 몰아붙인다. 굿을 하나의 상품이라고 가정하면, 첫 번째 굿이 잘못되어 추가로 할 경우에는 추가 비용 없이 애프터서비스를 해주어야 할 것이다. 하지만 이들은 갖은 핑계를 대면서 또다시 돈을 내라고 요구한다.

부적도 비슷하다. 한 번으로 끝나는 게 아니다. 이들은 부적도 식품처럼 유효기간이 있다고 주장한다. 부적의 효과를 유지하기 위해서는 새것으로 바꿔야 한다는 것이다. 아마 이 책을 보기 전에 부적의 유효기간에 대해 자세히 생각해본 사람은 거의 없을 것이다. 음식처럼 상하는 제품도 아닌데 어떤 기준으로 유효기간을 정하는지 아무도 모른다. 이에 대해 사이비 무속인들은 부적을 제작하는 데는 만드는 사람의 기氣가 들어간다고 주장한다. 기의 효력은 무한정 지속되는 것이 아니고 시간이 흐름에 따라 사라지므로 부적에도 유효기간이 있다고 주장한다. 대개 유효기간은 1년이고 특수 처방 부적의 경우 부적을 받은 날로부터 2년이라고 말한다.

부적뿐 아니라 운명을 바꾸려면 돈을 들여 의식을 해야 한다고 유도하기도 한다. 수맥 차단이나 단순하게 기도를 드리는 '개운'까지, 종류도 무척 다양하고 광범위하다. 이들은 자신이 받은 돈은 수고비가 아니라고 강조한다. 개인이 착복하는 게 아니라 기도비나 신에게 드리는 성의 표시라고 말하면서 돈을 내는 내담자의 행동을 합리화한다.

현실에 대한 불만족과 미래에 대한 불안을 해소하기 위해 사람들은 점집이나 철학관 등을 찾아간다. 한국역술인협회에 따르면 우리나라의 역술인은 약 30만 명에 이르며, 무속인은 15만 명에 이를 것으로 추산한다. 산업 규모도 최소 2조 원 정도로 추정한다. 이는 부적과 굿 등의 비용이 포함되지 않은 수치로, 이를 포함한 실제 규모는 훨씬 클 것이다.

점을 보고 온 사람들에게 얼마나 잘 맞히는지 물어보면 대체로 이런 반응을 보인다.

"큰 줄기는 대강 맞으며, 크게 어긋나는 부분은 별로 없다."

"지나온 인생 역정을 사주에 꿰맞추는 것 같고 지나치게 포괄적이다."

이 같은 대답에서 우리는 앞서 설명한 바넘 효과와 콜드 리딩의 핵심 전략을 떠올릴 수 있다. 누구에게나 다 해당하는 말, 애매하게 해석할 수 있는 말을 들으면 마치 자신의 이야기처럼 귀가 솔깃해질 수 있다. 게다가 불안을 조장하는 말은 당장 그 사람이 시키는 대로 하지 않으면 안 될 것 같은 조급증을 부른다. 그러나 기억하자. 때로는 불안을 가라앉히기 위한 행동이 더 큰 불안을 불러일으키는 결과를 낳을 수도 있다.

Part 5

세상의 속임수에서 나를 지키는 법

마감 전략_ 조바심은 어떻게 우리를 망치는가

속임수는 실제 사실과 우리 머릿속에 존재하는 사실의 간극을 벌려놓는다. 사기꾼은 이를 위해 욕망, 신뢰, 불안이라는 장치를 이용한다. 앞선 장에서는 이 세 가지 심리 코드를 명확히 보기 위해 개별적으로 나누었다. 하지만 실제 상황에서는 세 가지 심리 코드가 서로 결합되어 다양한 형태로 우리를 속인다.

이번 장에서는 우리가 미처 몰랐지만 일상에 숨어 호시탐탐 우리의 지갑과 삶을 노리는 속임수를 살펴보려고 한다. TV 홈쇼핑의 매진 임박 전략과 헐값 마케팅 등 익숙하지만 그럼에도 번

번이 당하는 속임수부터, 한번 걸리면 평생을 착각에 빠지게 하는 사이비 종교와 다단계까지, 그동안 피상적으로만 알고 있던 속임수의 실체에 더 접근할 수 있을 것이다.

갖기 어려울수록 더욱 갖고 싶어지는 심리

2012년 마르키 드 사드의 소설 『소돔의 120일』이 국내에서 갑자기 화제가 되었다. 출간 후 한 달 동안 단 6권밖에 팔리지 않던 책이 일주일 만에 1,000권이나 팔리는 기록을 세웠기 때문이다. 이 소설은 간행물윤리위원회에서 유해 간행물 판정을 받아 배포를 중지하고 수거하라는 처분을 받았는데, 이 사실이 '더 이상 이 책을 보기 힘들다'라는 사람들의 조바심을 자극한 것이었다. 이후 제재 수위가 낮아져 성인에 한해 판매가 허용되자 사람들의 관심은 급격히 사라졌다.

비슷한 사례는 보험업계에서도 찾아볼 수 있다. 2009년 실손 보험 가입자는 역대 최다인 538만 명을 기록했다. 그해 가을 금융감독원의 결정으로 다음 해인 2010년에 실손 보험에 가입할 경우 가입자 부담이 커지기 때문이었다. 업계에서도 곧 혜택 좋은 보험이 사라진다면서 채산성과 상관없이 가입 유치에 열을 올렸다.

아파트나 오피스텔 분양 사무소에 가면 '분양이 곧 마감되니 빨리 계약하라'는 말을 듣는다. 사람들은 특정한 물건이 없을수록 가치를 높게 매기고 갖고 싶어 한다. 이것을 '희소성의 법칙'이라고 한다. 그래서 '이번이 마지막 기회'라는 말을 들으면 필요 이상으로 많이 구입한다. 찾기 어려운 고서적, 골동품, 한정판매 제품에 대해서도 돈을 더 주고 구입하려는 경향을 보인다.

희소성은 수량과 시간에 의해 주로 나타난다. 종종 신문 지상에서 미술품이 상상을 초월하는 가격에 경매되었다는 기사를 볼 수 있다. 한정된 시간 내 희소성 있는 작품을 판다는 경매시장의 특성과 결합되어 나온 결과다.

희소성을 일상에서 가장 잘 볼 수 있는 곳은 홈쇼핑이다. 물건을 판매하는 쇼 호스트는 연신 희소성을 강조한다. "여러분, 오늘만 이 가격으로 드리는 거예요. 절대 놓치시면 안 돼요!"라면서 시간 제한을 강조하고, 화면 아래에는 깜빡거리는 '매진 임박'이라는 자막으로 수량에도 제한이 있다는 것을 강조한다. 곧 가격이 인상되니 마지막 기회라고 쓰인 화면을 보면 어느새 손이 전화기에 가 있다.

사실 과거 홈쇼핑 업계에서는 희소성을 거짓으로 속인 적이 있었다. 물량이 많이 남아 있어도 '매진 임박'이라고 강조하고, 가격을 인상하지 않더라도 '곧 가격이 인상된다'고 거짓말을 했다. 이 때문에 '상품 소개 및 판매 방송 심의에 관한 규정'이 개정

됐다. 규정에 의하면 상품 소개 및 판매 방송은 수량에 제한이 없음에도 '한정 판매' 등의 표현을 허위로 사용해서는 안 되며, 사실과 다른 '처음', '마지막', '단 한 번' 등의 한정 표현 역시 사용해서는 안 된다고 되어 있다.

희소성은 물건에만 국한되지 않는다. 사람에 대해서도 동일하게 나타난다. 이른바 '싱글'들이 주로 드나드는 술집에서도 희소성에 대한 인간의 성향을 관찰할 수 있다. 남녀에게 밤 9시, 10시 30분, 12시 등 세 번에 걸쳐 술집 안에 있는 이성들의 매력 정도를 1점(전혀 매력 없다)부터 10점(매우 매력적이다)까지 평가해줄 것을 요청했을 때 어떤 결과가 나타났을까? 9시에 실시한 평가에서 남성의 점수는 평균 5.5점이었지만, 12시가 되자 6.5점으로 높아졌다. 문 닫을 시간이 가까울수록 이성의 매력을 더 높이 평가한 것이다.

여성도 비슷했다. 여성은 9시에 시행한 평가에서 이성의 매력 점수를 5.0점에 약간 못 미치게 평가했으나, 문 닫을 시간이 가까울수록 조금씩 증가해 12시에는 5.5점에 이르렀다. 마감 시간이 다가올수록 성적 욕구가 높은 남성이 여성보다 이성에 대해 높은 점수를 주었고, 정도에 차이는 있지만 희소성의 효과는 남녀 모두에게 나타났다.

사람에 대한 희소성 효과는 시간에서만 나타난 것이 아니다. 남성의 경우 술집에서 마감 시간이 다가올 때 남아 있는 여성이 적어질수록 여성을 더 매력적으로 보았다. 이를 통해 짧은 만남의 기회마저도 상실할지 모른다는 남성의 조급한 마음을 엿볼 수 있다[33].

대개 구매자보다는 판매자가 더 많은 정보를 갖고 있다. 따라서 구매자는 판매자가 거짓으로 희소성을 이용하면 속수무책으로 당할 가능성이 높다. 부동산 중개업자들도 희소성을 이용해 계약자를 속인다. 물건이 빨리 나가도록 하기 위해, 계약서에 빨리 서명하게 만들기 위해 "막 다른 손님이 보고 갔어요. 그분들도 마음에 들어서 계약할 생각이 있는 것 같아요. 하려거든 얼른 결정하시는 게 좋을 거예요"라고 말한다. 구매자는 갑자기 이런 말을 들으면 마음이 조급해져 다른 정보를 확인할 틈도 없이 계약서에 서명하게 된다. 계약한 후에야 단점이 보인다. 나중에 확인해보면 이 집을 보러 온 사람이 아무도 없었다는 것을 알게 된다. 중개업자의 심리전에 말려 경솔한 결정을 한 것을 후회하지만 이미 엎질러진 물이다.

중고 물품 거래 사이트에서 벌어지는 속임수도 희소성과 관련이 있다. 피해자들은 '판매자가 마치 누가 쫓아오듯이 빠른 거래를 하자'고 유도했다고 말한다. 저렴한 가격에 물건을 구입하지 못할 것 같은 조바심이 사람의 판단력을 흐리는 것이다. 나이지리아인들이 자주 쓰는 선급금 사기도 '긴급한 사안'을 강조하면서 촉박한 일정을 제시한다. 기간 안에 답이 없으면 다른 사람에게 연결한다는 뉘앙스를 풍기면서 생각할 여유를 주지 않는다.

"이거 너한테만 알려주는 건데"

희소성은 시간과 수량 외에 정보에서도 나타난다. 암람 크니신스키Amram Knishinsky 연구 팀이 실시한 실험에서, 소고기 도매업자들은 호주의 기후 조건 때문에 호주산 소고기 물량이 부족할 것으로 예상된다는 정보를 입수하자마자 주문량을 두 배 더 늘렸다. 특히 도매업자들은 대중은 모르는 독점적인 정보라는 사실을 알게 되자 주문량을 무려 여섯 배로 늘렸다[34]. 남들이 모르는 특별한 정보라는 말은 사람의 마음을 더욱 흔들어놓는다.

사기꾼은 이 같은 인간의 속성을 이용한다. 존재하지도 않는 정보나 남들도 다 아는 정보를 희소성 있는 정보, 가치 있는 정보로 곧잘 포장한다. 사기 사건을 보면 사기꾼이 '너에게만 알려준다'라면서 정보의 희소성을 강조하는 경우가 많다. 창업 컨설팅회사 직원들도 이 방법을 이용해 예비 창업자를 속인다. 상대가 초보자이고 까다롭지 않다고 판단되면 희소성을 적극 이용한다. 딱 한 자리만 남았다고, 지금 꾸물거리면 다른 사람이 목 좋은 매장을 산다면서 상대를 압박한다. 아니면 평일에 상담한 후 주말에 갑자기 다급한 목소리로 상대에게 전화를 건다. A급 매장이 나왔는데 남들이 알면 금방 나가니 소문내지 말고 빨리 오라고 속인다. A급 매장인데 왜 원래 매장 주인이 팔려고 하느냐고 물어보면, '건강상 문제로 안타깝지만 팔 수밖에 없다'라는 등 그럴듯한 이야기로 상대를 안심시킨다.

주식이나 부동산 투자 사기에서도 정보의 희소성은 단골 소재다. 내부 정보원을 통해 곧 대규모 합병·계약이 있을 거라는 소식을 들었다며 주식 매입을 권유한다. 강남 귀족계 등 폐쇄적인 모임일수록 이런 속임수는 잘 먹힌다. 사기꾼은 각 분야 최고의 엘리트만 들어올 수 있는 모임으로, 유명한 사람이나 사회 명사들이 가입되어 있다면서 구성원을 모집한다. 모집한 후에는 기존 구성원의 추천이나 사회적 지위 등 일정한 제한을 걸어놓아 누구나 쉽게 접근하지 못하게 막는다. 그러고는 그들끼리 정보를 공유하면서 서로에 대한 신뢰를 높인다. 그런 상태에서 '회원에게만 주는 비밀 투자 정보'라는 미끼를 던지면 대부분 손쉽게 걸려든다.

사기꾼들이 만든 시간, 수량, 정보의 희소성은 실제 존재하지 않는 경우가 대부분이다. 당하는 사람만이 희소성이 있다고 착각할 뿐이다. 사기꾼은 돈을 빼앗기 전까지 상대가 착각에서 깨어나지 못하도록 방해한다. 다시 말해 상대가 희소성 여부를 확인하지 못하도록 방해한다.

예를 들어, 정말 지금밖에 기회가 없는지 확인하려고 하면 확인할 시간 여유조차 주지 않는다. 구체적으로 물어보면 영업 비밀이라고 하면서 나중에 이야기하자고 둘러대거나, '다른 사람이 알면 일을 그르친다'라며 확인을 거부한다. 정보 출처는 자기가 잘 아는 사람이라고 말하면서도, 정작 그 사람을 만나려고 하면 못 만나게 막는다. 상대가 말하는 희소성이 사실이라면 그 희소성 여부를 입증할 수 있어야 한다. 만약 상대가 내 말만 믿으라고 하면서 확인하는 것을 꺼리거나 방해한다면 더더욱 의심해봐야 된다.

듣는 사람의 마음가짐도 바뀌어야 한다. 희소성에 조급해지는 이유는 이번 기회가 마지막이라고 생각하기 때문이다. 그래서 실제 가치보다 높이 평가하는 실수를 저지른다. '이번 기회가 마지막'이라는 홈쇼핑 호스트의 말을 반대로 생각해볼 필요가 있다. 이번 기회를 놓치더라도 나중에 또 다른 좋은 기회가 올 수 있다는 사실을 가슴속에 새겨보자. 그러면 상대가 만들어낸 희소성 앞에서 더 이상 꼭두각시처럼 춤추지 않을 수 있다. 그래야만 현실에 발을 디디면서 좀 더 냉철하게 판단할 수 있다.

썩은 애피타이저 흔들기_ 내가 원하는 전셋집이 늘 형편없는 이유

"아까 그것보단 이게 낫죠?"

H씨는 수중에 전세 보증금으로 쓸 수 있는 돈이 딱 1억 원 있었다. 대출을 받아 무리하게 전세 생활을 한 경험이 있어서 이번에는 예산 범위 내에서 집을 고를 생각이었다. 원하던 지역에 마침 1억 원짜리 매물이 나온 것을 확인하고 부동산 중개인과 집을 보러 갔다. 처음 본 곳은 원하던 지역 중 주거 환경이 가장 낙후된 곳일 뿐 아니라 내부도 낡고 어두워 보였다. 두 번째 본 집도 사정은 비슷했다.

실망할 무렵, 중개인은 생각하는 금액보다 좀 높은 1억 3,000만 원짜리 집이 있는데 한번 보는 게 어떻겠냐고 제안했다. 직접 가서 보니 그 집은 H씨의 마음에 쏙 들었다.

"어때요, 내 말대로 괜찮죠? 어제 다른 사람도 이 집을 보고 갔는데 마음에 들어서 계약할까 하더라고요."

중개인의 말을 들은 H씨는 그 자리에서 계약서에 서명했다. 그리고 보증금을 마련하기 위해 또다시 무리하게 대출을 받았다.

아이를 키우면서 생긴 요령이 하나 있다. 아이가 비싼 것을 사달라고 조를 때 사주기 싫으면 비슷한 종류의 보다 저렴한 제품을 보여주면서 너무 비싸다고 강조하는 것이다. 어른도 크게 다르지 않다. 어릴 때부터 수에 대한 개념을 배우고 학창 시절 내내 수학을 공부하지만 정작 가격과 가치에 대한 개념이 희박하다. 가격은 지극히 주관적이고 상대적이다. 경매를 봐도 쉽게 알 수 있다. 경매 낙찰 가격을 결정하는 가장 큰 요인은 경매 시작 가격이다. 시작 가격에 따라 낙찰 가격이 달라진다. 그렇게 중요한 시작 가격이 결정되는 과정 역시 지극히 주관적이다. 제시된 시작 가격도 주변 상황에 따라 쉽게 바뀌거나 조작된다.

앞서 본 부동산 중개인도 집을 보러 다니는 세입자의 기준을 높이기 위해 '썩은 애피타이저 흔들기' 수법을 사용했다. 이 수법은 썩은 애피타이저, 그러니까 나쁜 물건을 계속 보여주면서 세입자가 생각하는 가격으로는 원하는 것을 얻을 수 없다는 것을 암시한다. 그렇게 함으로써 세입자의 기준 가격인 1억 원은 쉽게 무너진다. 그다음 기준 가격을 올리기 위해 갑자기 좀 더 비싸지만 좋은 물건을 보여준다.

만약 중개인이 처음부터 1억 3,000만 원짜리 집을 보여주었다면 어떻게 됐을까? 세입자의 거센 저항에 부딪혔을 것이다. 하지만 일단 심리적 저지선인 1억 원을 썩은 애피타이저 수법을 이용해 무너뜨리자, 단시간 내에 기준 가격보다 30%나 많은 금액을 쓰게 만들었다.

썩은 애피타이저 흔들기 vs 보물 흔들기

'썩은 애피타이저 흔들기' 수법을 반대로 쓴 것이 바로 '보물 흔들기' 수법이다. 예를 들어 한 여성이 명품 매장에서 가방을 사려고 한다고 가정해보자. 가격이 너무 비싸 망설이고 있는데, 직원이 더 비싼 고급 모델을 보여준다. 더 비싼 모델, 즉 '보물'을 구매자 앞에 일부러 보여주는 방법이다. 비싼 것과 대조함으로써 사려는 물건이 싸게 느껴지게 만드는 전략이다. 이를 통해 여성은 현재 사려는 가방이 저렴하다고 '착각'하고, 구매를 망설이던 가방을 바로 구매할 가능성이 높아진다.

썩은 애피타이저나 보물 흔들기는 모두 대조 효과를 이용한 방법이다. 대조 효과란 차례로 제시된 두 사물의 차이점이 결정에 영향을 미치는 현상을 말한다. 대조 효과의 장점은 '스스로 합리적으로 선택하는 것 같은' 착각을 주는 것이다. 이런 방법은 마케팅에서도 광범위하게 사용된다.

2013년, 애플이 새로운 아이폰 모델을 출시할 때가 되자 각종 루머가 흘러나왔다. 그중에서도 가장 지배적인 전망은 애플이 저가형 모델을 만들어 개발도상국 시장을 노릴 것이라는 추측이었다. 프리미엄 시장에서 매출을 높이는 데 한계가 있으니 애플도 이제는 저가 시장에 눈을 돌릴 것이라는 것이었다.

그런데 예상을 깨고 애플은 아이폰의 새 모델로 고가형인 5S와 저가형인 5C를 동시에 출시했다. 기존에는 매년 업그레이드된 단 한 가지 아이폰만 판매했기 때문에 사람들은 의아해했다. 게다가 이상한 점이 또 하나 있었다. 고가형이라는 5S는 88만 원, 저가형이라는 5C는 75만 원으로 가격 차이가 불과 13만 원(약 100달러)밖에 되지 않았다. 애플이 정말로 개발도상국 시장을 노렸다면 5C는 훨씬 더 낮은 가격이어야 했는데 말이다. 저가형이라는 5C는 다른 안드로이드 모델에 비하면 여전히 고가 제품이었다.

놀라운 사실은 출시 이후 판매량에서 드러난다. 5S가 3~4대

팔릴 때 5C가 한 대 팔릴 정도로 5S는 월등히 잘 나갔다. 비교 대상이 없었던 과거 아이폰에 비해 동일한 크기와 모양에 일부 내·외장재와 부품이 조금 다른 두 가지 제품이 출시되자, 사람들은 이왕 비싼 값을 주고 살 거면 13만 원을 더 내고 5S를 구입했기 때문이었다. 애플은 대조 효과를 통해 매출 확대를 노렸던 것이다. 애플의 이런 전략은 2018년에도 지속되어 3개 모델을 동시에 출시하게 되었다.

대조 효과는 속임수에서도 자주 사용되는 단골 메뉴다. 비교 대상의 가격을 속임으로써 착각을 유도하는 식이다. 앞서 책 앞머리에서 언급한 백화점 할인 행사도 대조 효과를 이용한 속임수다. 원 가격이 10만 원인데도 20만 원으로 정가를 올린 후 50% 할인된 10만 원에 판매하는 것처럼 착각하게 만들었다.

당신의 기준선을 무너뜨리는 속임수들

대조 효과도 바람잡이가 있을 때 상대를 좀 더 손쉽게 착각에 빠트린다. '굿 가이, 배드 가이good guy, bad guy' 전략이 대표적이다. 이 방법은 경찰 영화에서 흔히 볼 수 있다. 악역을 맡은 경찰이 범죄 용의자를 강하게 압박한다. 욕을 하거나 폭력을 쓰려고 든다. 이때 착한 역을 맡은 경찰이 나타나 악역을 맡은 경찰을 말리면서 밖으로 데리고 나간다. 이후 착한 역을 맡은 경찰이 들어와 담배를 권하거나 뜨거운 음식을 시켜주면서 범죄 사실을 털어놓으라고 권유한다. 그러면 범죄 용의자는 착한 역을 맡은 경찰 말을 듣고 마음이 흔들리다가 끝내 자백한다.

이 방법이 잘 통하는 이유도 악한 경찰과 착한 경찰 간의 대조 효과 때문이다. 같은 편 두 명이 사전에 약속한 나쁜 역할과 착한 역할을 맡아 당신 앞에서 연기를 한다고 가정해보자. 한 명은 1억 원짜리 물건을 판다면서 절대 가격을 낮춰줄 수 없다고 강경하게 말한다. 이때 다른 한 명은 빨리 팔아야 되니 9,000만 원에도 가능하지 않느냐면서 유연하게 제안한다. 그러면 악역을 담당한 직원은 착한 역을 담당한 직원에게 상의도 없이 가격을 낮추었다면서 화를 내고 두 사람은 서로 다툰다. 당신 입장에서 보면 1억 원보다는 9,000만 원이 싸 보이기 때문에 착한 역할을 하는 직원의 제안을 받아들일 것이다. 하지만 알고 보면 이 두 사람은 원래 9,000만 원에 팔기로 입을 맞추고 이런 행동을 했을 가능성이 매우 높다.

이러한 대조 효과는 물건뿐 아니라 사람을 평가할 때도 사용된다. "영화관에서 스크린을 보다가 옆자리를 보니 오징어가 내 옆에 있어요"라는 젊은이들의 우스갯소리처럼, 예쁘고 잘생긴 사람을 본 후 자신의 이성 친구를 보면 평가는 박해질 수밖에 없다. 이렇듯 비교를 통해 정보를 평가하는 과정은 자동적으로 일어나는 사고 과정이다. 그래서 대조 효과를 이용한 속임수는 정보가 부족한 상대를 속이는 데 활용된다.

중요한 판단을 할 때 정보가 충분하지 않다면 썩은 애피타이저나 보물 흔들기 수법, 굿 가이 배드 가이 같은 트릭에 쉽게 속을 가능성이 높다. 아무 준비도 하지 않았다가는 속아 넘어가기 십상이다. '아는 사람인데 설마 나를 속이겠어?'라고 생각하면서 상대에게 모든 결정을 일임한다면 상대가 구사하는 대조 효과에 속절없이 당할 것이다. 중요한 결정일수록 사전 조사를 철저히 해야 한다. 준비할수록 자신을 지킬 수 있다.

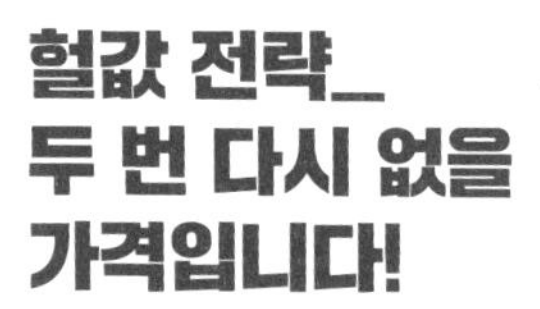

헐값 전략_ 두 번 다시 없을 가격입니다!

최근 몇 년 사이 유통업체의 화두는 아웃렛이다. 몇 년 전까지는 도심 근교나 수도권에 아웃렛이 들어섰다면, 이제는 서울 시내에도 아웃렛이 들어서는 추세다. 아웃렛이 인기를 끄는 비결은 유명 제품을 기대 이상으로 싼 가격에 살 수 있기 때문이다. 철 지난 상품이나 전시 상품 등을 한자리에 모아 정가보다 저렴하게 판매하니 사람들이 몰릴 수밖에 없다.

'가격 할인'이라는 말을 들으면 우리의 뇌는 본능적으로 흥분한다. 공짜만큼은 아니지만 기대 이상의 가격 할인은 섹스나

술, 마약처럼 기쁨을 관장하는 기관을 자극한다. 예상보다 가격이 싸다고 느껴지면 계획한 것보다 많이 사게 된다. 우리나라 유통업체들에도 영향을 미치는 미국 '블랙 프라이데이Black Friday'는 추수감사절 다음 날로, 상점마다 한정된 물건을 말도 안 되게 싼 가격으로 판매하는 날이다. 이날이 되면 상점 앞은 흥분한 사람들로 밤새 북적인다. 그리고 더 큰 기쁨을 경험하기 위해 문을 열자마자 상점으로 돌진해 싹쓸이 쇼핑을 한다.

싼 가격을 미끼로 소비자를 유인하는 전략은 오래전부터 사용하던 전형적인 마케팅 기법이다. 세계 최대 소매점인 월마트의 모토는 '언제나 저렴하게always low prices'다. 하지만 월마트에서 모든 것을 저렴하게 파는 것은 아니다. 기획전 등의 이름을 붙여 특정 제품을 저렴하게 판다고 하지만, 막상 가보면 수량이 한정되어 있어 원하는 제품을 싼 가격에 구하기는 쉽지 않다.

경쟁이 치열해진 요즘은 의료계에서도 비슷한 전략을 쓴다. 시력 교정술을 광고할 때 보통 150만 원 하는 라식과 라섹 수술을 단돈 60만 원에 해준다고 선전한다. 그러나 막상 상담을 받으러 가면 60만 원짜리는 통증이 오래가서 사람들이 별로 선호하지 않는다고 겁을 주고는 100만 원 내외 옵션이 붙는 수술을 하도록 권유한다.

푼돈 아끼려다 큰돈 잃을 수 있다

정상적인 마케팅과 달리 사기꾼은 있지도 않은 제품을 싸게 공급한다면서 사람들을 유인한다. 일단 유인에 성공하면 다른 제품을 보여주고 구입하도록 권유한다. 특히 중고차 매매상들이 이런 수법을 잘 쓴다. 예를 들어 2011년 그랜저 HG 중고차 가격이 2,000만 원이라면 인터넷에서는 960만 원에 판다고 게시한다. 구매하려는 사람이 전화로 960만 원짜리 차가 팔렸냐고 물어보면 당연히 있다고 말한다. 하지만 막상 가보면 중고차 매매상은 "보시고 온 차가 지금 시운전 중이에요. 다른 분께서 이미 산다고 하셨거든요"라고 하며 다른 차를 권유한다.

또 다른 경우도 있다. 체어맨을 720만 원에 판다고 올려놓은 인터넷 게시판을 보고 찾아가 물어보면 "720만 원은 선불 인도금이고 나머지는 할부 리스받아서 내셔야 해요. 총 4,500만 원이에요" 하고 둘러대는 식이다.

만약 사진으로 보기에는 별문제가 없는데 가격이 지나치게 저렴하다면 허위 매물이거나 사고가 났던 중고차일 가능성이 높다. 허위 매물을 확인하는 방법은 직접 중고차 매매상에 가기보다는, 먼저 영상 통화를 걸어 차량을 자세히 보여달라고 요청하는 것이다. 만약 갖은 핑계를 대며 차량을 보여주지 않는다면 정말 허위 매물일 가능성이 높다.

인터넷에 게시된 매물 정보를 보고 판단하는 방법도 있다. 문제없는 매물일 경우 정보가 자세히 적혀 있다. 그리고 질문에 대해서도 자세히 답변한다. 반면 허위 매물일 경우 매물에 대한 설명은 간단명료하다. 자세히 써놓을수록 추가로 거짓말을 해야 하기 때문에 되도록 적게 적는 것이다.

사기꾼들은 싼 가격을 이용한 가짜 미끼에서 한발 더 나아가, 팔겠다는 시늉만 하고 돈을 가로채기도 한다. 인터넷 중고 장터에서 심심치 않게 볼 수 있는 일이다. 미끼는 역시 기대 이상의 싼 가격이다. 요즘은 사기당한 경험이나 사례가 제법 알려져 직접 만나서 돈과 물건을 교환하는 직거래가 많지만, 아직도 적지 않은 중고 거래가 사기 건으로 신고되고 있다.

사기꾼은 인터넷에 떠도는 제품 사진을 올려놓고 제품이 진짜 있는 것으로 착각하게 만든다. 그런 다음 돈을 입금해주면 바로 택배를 보낸 증거인 송장 번호를 보내겠다고 한다. 구매자가 직접 만나 물건과 돈을 주고받자고 제의해도 사기꾼은 거리가 멀다는 등 갖은 핑계를 댄다. 자신도 직거래를 하고 싶지만 사정이 안 되니 안 팔겠다는 식이다. 이때 구입하지 않으면 되지만, 기대 이상의 싼 가격은 '설마'라는 생각을 억누를 만큼 강력하게 작용한다.

과거에는 개인 간 거래뿐 아니라 G마켓, 11번가, 옥션, 인터파크 등 오픈 마켓에서도 비슷한 일이 여러 번 일어났다. 오픈 마켓은 수많은 판매자들이 해당 사이트에 등록하고 소비자와 거래한다. 일반 쇼핑몰은 상품 기획부터 마케팅, 애프터서비스 등을 모두 업체가 관리하지만 오픈 마켓은 플랫폼만 제공하는 형태다. 개별 판매자 입장에서는 독자적인 홈페이지나 결제 시스템 없이 오픈 마켓의 시스템을 이용한다는 장점이 있다. 소비자 입장에서도 판매자와 분쟁이 생겼을 때 오픈 마켓에서 해당 거래를 보증하므로 믿을 수 있다.

그런데 사기꾼들은 지마켓이나 인터파크, 옥션 등에 할인을 미끼로 물품을 올린 뒤 자신들이 운영하는 별도의 인터넷 쇼핑몰을 방문하게 만들어 직거래를 유도했다. 최저가 구매가 가능한 것처럼 속여 해당 오픈 마켓과 상관없이 현금 거래를 하자고 제안하기도 한다. 오픈 마켓이 제공하는 중개 제도를 피하면 수수료를 아낄 수 있어 더 낮은 가격에 팔 수 있다면서 소비자를 유혹하는 것이다. 그렇게 해서 거래가 이루어지면 물건 값만 챙기고 사라진다. 물건을 산 사람이 오픈 마켓에 환불을 요청한다 해도, 사적 거래는 쇼핑몰 이용 규정 위반이라면서 오픈 마켓도 책임을 지지 않는다.

비슷한 속임수는 부동산 거래에서도 볼 수 있다. 벼룩시장 등 무가지를 통해 시가보다 저렴하게 나온 전셋집 매물을 보고 전화하면, 집주인은 급한 사정이 있어 싸게 전세를 놓는다고 그럴싸하게 설명한다. 그러면서 "뭐 하러 아까운 복비를 날려요? 중개료 아끼게 직거래합시다"라고 말한다. 한 푼이라도 아끼자는 생각에 이에 동의해 전세 보증금을 다 지급했는데, 알고 보니 집주인이라는 사람은 가짜 주인이었다.

시가보다 저렴하게 물건을 살 수 있다면서 돈을 받은 다음 도망간 사기꾼도 있다. J씨는 지방 대형 백화점 VIP 회원으로, 자신의 회원권을 이용하면 백화점 상품을 정가 대비 30~35% 싸게 구입할 수 있다고 말하고 다녔다. 실제로 물건을 저렴하게 구입해주자 점점 입소문이 나면서 주변 사람뿐 아니라 지인의 친인척까지 구입을 부탁했다. J씨는 쇼핑계 큰손으로 이름이 나기 시작했고, 그에게 저렴한 가격으로 사서 되파는 중간 상인이 생길 정도였다. 그런데 실제 백화점 판매 수수료는 패션 잡화의 경우 31~38%대이며, TV 홈쇼핑의 판매 수수료는 평균 37%로 알려져 있다. 아무리 VIP 회원이라고 하더라도 백화점 판매 수수료 마진을 다 떼어주고 살 수는 없다. J씨의 사기 행각은 물건을 다 사주지 못하면서 들통이 났다.

지나치게 좋아 보이면 사실이 아닐 가능성이 높다. 터무니없이 싼 가격은 갑자기 다가오는 운명 같은 사랑처럼 사실이 아닐 가능성이 높다. 특히 싼 가격을 무기로 직거래나 애스크로 등 각종 안전장치를 회피하자고 할 경우에는 더 의심해야 한다. 중개 제도는 수수료가 들지만 위험을 분산시키고 거래를 안전하게 해준다. 적은 비용을 아끼기 위해 중개 제도를 외면한다면 나중에 크나큰 손해로 이어질 수 있다. 너무 저렴한 물건을 찾기보다는 믿을 만한 업체에서 조금 비싸게 구입하는 편이 더 현명한 행동일 수 있다.

폰지 사기_ 언제까지나 아랫돌 빼서 윗돌 괼 순 없다

보험 설계사 K씨는 10여 년 동안 알고 지내온 시장 상인들을 찾아와 투자만 하면 원금 보장에 고소득을 올릴 수 있는 상품이 나왔다고 했다. K씨는 시장에서 유명한 인물이었다. 고객을 잘 관리하고 몇 년 동안 보험왕에 뽑힐 만큼 능력도 출중했다. 상인들은 그런 K씨의 제안에 귀가 솔깃해졌다. 특히 같은 시장의 다른 상인들도 이 상품에 가입했다는 말을 듣고, 가입한 상인들을 찾아가 직접 물어보기까지 했다. 가입한 상인들은 모두 약속대로 이자를 잘 받고 있다면서 괜찮은 상품이라고 추천

했다. 상인들은 수중에 있는 여윳돈 수천만 원을 투자했다. 몇 달 후 시장에서는 이상한 소문이 돌기 시작했다. 보험 설계사가 자취를 감췄다는 것이다. 피해 상인들끼리 모여 이야기를 하다 보니 피해액이 무려 100억 원에 이르렀다. 시장 전체가 쑥대밭이 되었다.

이 사례와 비슷한 방식의 속임수가 작은 시장뿐 아니라 나라 전체를 집어삼킨 적도 있었다. 1997년 알바니아가 그러했다. 당시 구소련의 지배 아래에 있던 알바니아는 민주화와 더불어 경제적으로 불안한 상황이었다. 정부의 묵인 아래 일곱 개 사기 조직이 활동하면서 전 국민의 3분의 2에 해당하는 사람들이 투자를 했다. 피해액은 무려 12억 달러에 달했다. 사기 조직들이 파산하자 분노에 찬 시민들은 거리로 뛰쳐나갔다. 질서를 유지하기 위해 군대가 동원되었고 총리와 내각은 책임을 지고 사임했다. 너무나 좋은 조건에 국민 다수가 속아 넘어간 사건이었다.

이런 속임수를 '폰지 사기'라고 부른다. 찰스 폰지Charles Ponzi라는 미국인이 처음 유행시켰다고 해서 붙인 이름이다. 1920년 폰지는 국제 반신 우편권IRC: International Reply Coupon 차익 거래를 통해 돈을 벌 수 있다면서 투자금을 모았다. 원리는 간단했다. 국내에서 편지를 주고받을 때 상대방 우편 요금을 대신 납부하려면 우표를 동봉하면 된다. 하지만 국제우편에서는 이것이 불가능했다. 받는 사람의 국가 우표를 보내는 사람의 국가에서는 살 수 없기 때문이다. 이런 문제를 해결하기 위해 나온 것이 국제 반신 우편권이었다. 편지 속에 국제 반신 우편권을 넣어 보내면 받는 사람이 국제 반신 우편권을 우체국에 내고 자국의 항공우편용 우표로 교환할 수 있었다.

문제는 자국에서 직접 우표를 사는 것보다 국제 반신 우편권이 더 저렴할 수 있다는 것이다. 당시 미국의 우편 요금은 비쌌지만 이탈리아는 저렴했다. 폰지는 이 점에 착안해 이탈리아에서 대량으로 국제 반신 우편권을 사서 미국으로 유통시킨다면 거액의 시세 차익을 올릴 수 있다고 광고했다. 그러면서 45일간 50%의 수익을 약속했다. 초기 투자자들이 광고한 대로 이익금을 받기 시작하자 투자자들이 추가로 대거 모여들었다. 하지만 폰지는 실제로 국제 반신 우편권을 사지 않았다. 대신 추가 투자자에게 받은 돈을 초기 투자자에게 이익금으로 주는 방식으로 돌려 막기를 했을 뿐이다.

폰지 사기 전략 ① : 얼굴마담 내세우기

폰지 사기에서는 초기에 유명한 사람, 잘 아는 사람, 전문가 등을 내세운다. 알고 지내던 능력 있는 보험 설계사일 수도 있고, 계속

거래해온 증권 회사 과장일 수도 있다. 역대 최고 피해액을 기록했던 폰지 사기꾼인 버나드 매도프Bernard Madoff는 미국 장외 주식 거래 시장인 나스닥 창립 멤버였다. 매도프는 한때 나스닥 위원장을 맡았고, 각종 비영리단체 이사회에서도 활발하게 활동하는 등 인지도 높은 사람이었다.

우리나라에서 발생한 '전국교수공제회 사건'은 '조희팔 사건' 다음으로 가장 큰 피해자를 낳은 폰지 사기 사건이다. 피의자는 금융감독원의 허가 없이 공제회를 설립했고, 인가받은 업체인 교원공제회나 군인공제회와 비슷하게 이름을 지었다. "교수들의 생활 안정과 복리 증진을 위해 5,000만~1억 5,000만 원을 1~3년간 납입하면 시중은행보다 두 배 높은 이자를 지급하겠다"라며 교수들을 끌어들였다. 서울대학교, 연세대학교 등 내로라하는 학교 교수부터 전임강사까지 전국에서 5,000명이 넘는 사람들이 감언이설에 속아 6,700억 원을 맡겼고, 피의자는 이 돈으로 수백억 원에 달하는 부동산을 구입하는 등 호화로운 생활을 했다. 이 사건 역시 얼굴마담이 존재했다. 사기꾼이 명망 높은 사립대학교 총장 출신 인사를 회장직에 앉히고 홍보한 것이다.

폰지 사기 전략 ② : 상식을 뛰어넘는 고수익

폰지 사기꾼들은 사람들을 유인하기 위해 원금 보장에 고수익

같은 아주 좋은 조건을 내세운다. 안정성과 수익성은 반비례한다. 수익을 높이기 위해서는 위험한 선택을 해야 한다. 하지만 사기꾼들에게는 수익 창출 모델이 실제 가능한지 여부는 관심 사항이 아니다. 단지 사람을 낚기 위한 그럴싸한 사탕발림만이 필요할 뿐이다.

사기꾼은 이자나 이익금을 매주 5%에서 매월 10% 지급하면서 3개월부터 1년 사이에 원금을 돌려준다고 약속한다. 최근에는 고율의 이자 대신, 시장 이자율보다 조금 높은 수익을 꾸준히 올릴 수 있다고 약속하기도 한다. 특히 의사, 교수 등 전문직 종사자나 사회 지도층을 속일 때는 원금 보장에 지나친 고수익을 약속할 경우 의심을 살 수 있기 때문에 은행권보다 약간 높은 적정 수익률을 약속했다. 매도프 역시 월 1%의 수익을 약속했고, 전국교수공제회 사건에서도 약정 이율은 연 7~9%로, 전통적인 폰지 사기가 약속하는 고금리와는 거리가 멀었다. 시중은행 예금 금리는 2~4%대에 불과하지만 이 정도 수익률은 주식 펀드 등으로도 쉽게 거둘 수 있기 때문에 의심의 눈초리를 피했다.

물론 단기간에 고수익을 거둘 수는 있다. 하지만 오랜 기간, 지속적으로 시장 이율보다 높은 수익을 거두는 방법은 없다. 있다면 벌써 제도권 금융회사에서 유사한 상품을 내놓았을 것이다. 하지만 아무리 눈을 씻고 찾아봐도 그런 상품을 찾아보기 어렵다.

폰지 사기 전략 ③ : 집단 내 동질성

폰지 사기는 투자 수익으로 이익금을 돌려주는 것이 아니라 신규 투자자의 원금으로 기존 투자자들의 수익금을 주는 구조다. 그러므로 지속적인 신규 투자자 유입은 폰지 사기를 유지하기 위한 필수 조건이다. 신규 투자자가 쉽게 유입되도록 하기 위해 사기꾼은 배경이 동일한 사람들을 공략한다. '동질성' 덕분에 소문도 빨리 퍼지고 쉽게 믿기 때문이다.

그래서 폰지 사기는 같은 교회나 모임, 같은 국가 출신의 이민자 사회에서도 심심치 않게 발생한다. 심지어 청각 장애인 모임에서 발생한 적도 있다. 매도프 역시 본인이 속한 유대인 모임이나 비영리단체 이사진 모임, 기부자 모임을 이용했다.

동일 집단을 공략하면서 사기꾼은 '특정 집단에게만 주는 혜택'이라는 점을 강조한다. 모든 사람에게 개방하지 않고 특정 집단에 한해 투자할 기회를 준다고 강조한다. 매도프는 자신의 자산 운용 서비스를 일반인에게 절대 공개하지 않는다고 주장했다. 펀드에 가입하기 위해서는 믿을 만한 사람에게 추천을 받게 해서 쉽게 들어오지 못하게 만들었다. 앞서 본 희소성을 이용한 전략이었다. 그러니 다들 그가 운영하는 펀드에 가입하기 위해 안달이 났다.

폰지 사기 전략 ④ : 신비주의

폰지 사기꾼들은 투자 기법에 대해 그럴싸한 이야기로 포장한다. 그들은 돈이 되는 것은 무엇이든 한다고 말한다. 상장 주식 매매, 비상장 주식 매매, 외환 거래, 명품 수입, 부실채권 입찰, 수산물 판매, M&A, 식당 운영, 경매, 채권 추심, 상품권 할인 등 그들이 주장하는 투자 수단과 방법은 실로 다양하다.

그렇다고 수익 모델을 자세히 알려주는 것도 아니다. 자세히 얘기해달라고 요구하면 비밀이라고 하거나 최신 투자 기법이 있다는 식으로 얼버무린다. 때로는 상대가 이해하기 어려운 용어를 사용해 잘 이해하지 못하게 한다. 그러다 보니 처음에는 다들 조심스럽게 시작하지만, 약속대로 수익금이 들어오면 문제가 없다고 생각하고 투자를 확대한다. 더 나아가 주변 사람들에게도 추천한다. 사기꾼들은 기존 투자자에게 추천 수당을 주면서 신규 투자자 발굴을 적극 독려한다. 동일한 집단 내 지인의 추천은 신규 투자자를 끌어 오는 데 큰 힘이 된다. 투자자가 많아지면 사람들은 위험도가 낮다고 생각하게 된다. 이런 과정을 거쳐 폰지 사기는 본격적인 번성기를 맞이한다.

지금까지 나타난 폰지 사기 사건의 공통점은 외부 감독 기관의 감시를 제대로 받지 않았다는 점이다. 전국교수공제회 사건에서도 피의자의 배우자, 아들, 처남이 모두 이사나 관리실장 등 주요 보직을 독점해 조직 내 견제와 균형이 불가능했다. 물론 일부 현명한 투자자들은 모호한 투자 방법과 내부 견제 장치에 문제가 있다고 이의를 제기하기도 한다.

하지만 사기꾼은 이런 문제를 제기한 사람에게는 원금을 돌려주고 가차 없이 탈퇴시킨다. 나쁜 소문이 날 가능성을 미연에 제거하기 위해서다. 투자자 대부분은 정기적으로 들어오는 이익금에만 관심을 갖지 투자 기법이나 내부 투명성에는 무관심하다. 그런 투자자를 안심시키기 위해 사기꾼은 허위 또는 과장한 실적을 소식지로 만들어 주기적으로 투자자에게 보낸다.

사실이기에는 너무 좋다면 사실이 아닐 수도 있다

고수익을 지속적으로 낼 수 있는 황금 사업 아이템은 세상에 존재하지 않는다. 신규 투자자 유입도 마찬가지다. 신규 투자자 유입이 조금이라도 줄어들면 기존 투자자에게 줄 돈이 부족해진다. 지급해야 할 이익금이나 상환액이 신규 투자금보다 많아지면 사기의 전모가 드러난다. 시스템이 붕괴되는 시점이다.

폰지 사기의 최대 피해자는 막차를 탄 사람들이다. 이들은 주식 시장이 정점에 다다랐을 때 지금보다 더 오를 것이라 착각하고 막판에 투자한 사람의 운명과 비슷하다. 폰지 시스템이 붕괴될 경우 초기 투자자는 이익금을 계속 받아왔기 때문에 손해액이 비교적 적다. 반면 마지막 투자자는 이익금도 받지 못한 상태에서 원금까지 전부 날리기 쉽다. 매도프의 경우도 2008년 글로벌 금융 위기 때문에 펀드 환매가 늘어나자 버티지 못하고 무너졌다.

폰지 사기의 결말을 알고 있는 사기꾼들은 꾸준히 투자자의 돈을 빼돌린다. 반면 기존 투자자들은 신규 투자자들이 유입되는 동안에는 문제가 있다는 사실을 알아차리기가 어렵다. 게다가 금융기관보다 높은 수익률을 주니, 만기가 되어도 원금을 돌려받기보다는 재투자를 선호한다. 이처럼 원금 상환 압력이 적기 때문에 폰지 사기는 오랫동안 사기 행각이 드러나지 않는다. 그 결과 다른 사기 사건에 비해 피해자가 많고 피해액도 상상을 초월하는 경우가 많다.

폰지 사기는 사기꾼의 계획에 의해 발생하지만 자연적으로 발생할 수도 있다. 2013년 노벨 경제학상 수상자인 로버트 J. 실러Robert J. Shiller 예일대학교 교수는 주식시장의 버블 과정이 폰지 사기 과정과 유사하다고 말했다. 주식시장에서 루머는 투자자의 판단력을 쉽게 흐트러뜨린다. 때로는 테마주라는 이름으로 특정 주식에 관심을 갖게 만들기도 한다. 주가가 상승하면서 초기 투자자들은 돈을 버는데, 이후 자연스럽게 추격 매수세가 형성되면서 폰지 사기처럼 차례로 수익을 얻게 된다. 이런 것을 '투기적 버블'이라고 하는데 폰지 사기에 비해 불규칙적이고 극적이지는 않지만 유사하다[35]. 실러 교수의 말은 이런 과정은 어디서나 발생할 수 있으며 아무리 현명한 투자자라도 쉽게 속을 수 있다는 것을 보여준다. 한때 '묻지 마' 투자로 유행했던 암호화폐 투자도 비슷한 양상을 보였다.

피해자 중에는 일확천금을 꿈꾸는 사람뿐 아니라 직장인, 상인, 교수 등 다양한 계층이 포함되어 있다. 매도프의 폰지 사기 피해자 중에는 스티븐 스필버그 같은 유명인뿐 아니라 컬럼비아대학교, 브루클린대학교, 각종 비영리단체 등도 있었다. 원금 보장에 고수익 같은 좋은 조건은 가입을 거절하기 어렵게 만든다. 특히 동료들도 투자해 이익을 내고 있다는 사회적 신호는 경계 태세를 쉽게 무너뜨린다. 사실이라기에는 너무 좋은 제안이라면, 사실이 아닐 수도 있다는 것을 다시 한번 되새겨보아야 한다.

우리는 자동차나 냉장고 등 가전제품을 살 때도 가격과 효율성 등을 따지면서 며칠을 고민한다. 하지만 훨씬 돈이 많이 드는 투자를 할 때는 아는 사람의 말에 별다른 고민 없이 투자하는 경우가 많다. 투자할 때도 제품 구입 이상의 고민이 필요하다.

내부 통제 장치가 제대로 작동하고 있는지, 투자 방법은 어떤 것인지, 수익률은 투명하게 알려주는지 반드시 꼼꼼하게 살펴보고 선택해야 한다.

사이비 종교 전략_ 멀쩡한 사람이 어째서 세뇌당할까

— 사례 1

20여 년 전 다단계 판매 방식이 우리나라에 도입될 당시 다단계에 빠진 친구가 있었다. 독립심이 남달랐던 그는 고등학교를 졸업하면 스스로 돈을 벌어 모든 것을 하고 싶다는 이야기를 입버릇처럼 했다. 1991년에 암웨이가 들어와 크게 히트 치면서 수많은 다단계 업체가 우후죽순 생겨나던 시기였다. 당시 그 친구를 포함한 수많은 대학생들이 다단계 업체에 빠져 사회적 문제가 되기도 했다. 만날 때마다 다단계의 우수성을 강조하던 친구가 제정신으로 돌아오기까지는 2년이 넘는 시간이 필요했다. 이후 친구는 다단계 활동 때문에 진 빚을 갚기 위해 꽤 오랫동안 아르바이트를 해야만 했다.

— 사례 2

10여 년 전 친구에게 한 통의 전화를 받았다. 자기 사촌 동생이 종교에 빠져 신용 불량자가 되었다는 것이다. 처음에는 종교와 신용 불량자가 무슨 관계인지 연결이 되지 않았다. 친구 말에 의하면 사촌 동생은 개척 교회를 열심히 다녔다고 한다. 이후 연락이 잘 되지 않아 찾아가 만나보니, 사촌 동생과 그 아내가 직장을 때려치우고 집에서 나와 교인들과 공동체 생활을 한다는 것이었다. 가족들이 정상 생활로 돌아가라고 아무리 설득해도 요지부동이었다. 뿐만 아니라 목돈을 가져다 헌금을 낸 것은 물론, 현금 서비스를 이용하고 제2금융권에서 대출을 받아 신용 불량자가 되었다는 것이다.

겉으로는 다단계와 종교는 관련이 없어 보인다. 다단계는 돈을 벌기 위한 비즈니스 방식 중 하나이고, 종교는 돈이 아닌 정신의 영역으로 생각되기 때문이다. 하지만 두 사건을 자세히 들여다보면 사람을 끌어들이는 방식이 비슷하다. 또 일단 한번 빠져

들면 한동안 스스로 빠져나오기 어렵다는 점도 유사하다.

일상생활을 포기할 정도로 종교나 다단계 업체에 빠진 사람을 가리켜 '세뇌되었다'라고 말한다. 세뇌는 사람을 쉽게 조종할 수 있는 상태로 만들기 때문에 정신적 속임수라고 부르기도 한다. 흔히 경제적인 어려움이 있다든지, 몸이나 마음이 아프다든지 등 개인적으로 어려움이 있는 사람들이 더 쉽게 세뇌당한다고 생각한다. 이런 말 이면에는, 일반적인 사람이라면 절대 빠지지 않을 것이라는 가정이 있는 것 같다. 하지만 다단계나 종교에 빠지는 사람의 면면을 자세히 살펴보면, 특별한 문제가 있는 사람보다는 정상적인 사람이 오히려 더 많다. 그렇다면 평범한 사람들이 어째서 스스로 사이비 종교에 빠져들게 되는 걸까?

멀쩡한 사람도 세뇌당하는 월드-세이버 5단계

존 로플랜드John Lofland 캘리포니아대학교 교수는 신흥 종교의 포교 방식을 관찰해 5단계로 구성한 '월드-세이버World-Saver 모델[36]'을 만들었다. 만든 지 40여 년이나 된 모델을 여기서 자세히 설명하는 이유는 여전히 유효한 포교 수단으로 사용되고 있기 때문이다. 또 시중 다단계 업체에서 하는 교육과도 비슷한 점이 많다.

월드-세이버 모델은 교리를 중심으로 한 이성적이고 논리적인 설득보다는 '감정'에 초점을 맞춘다. 5단계 중 첫 번째는 '미끼picking-up' 단계다. 이 단계의 목적은 공공장소에서 대상자를 물색해 신뢰감을 형성한 후 강연회와 예배, 모임 등에 참석하게 만드는 것이다. 대상자를 찾을 때는 방송, 광고 같은 일대 다수의 방식보다는 일대일 대면 접촉 방식을 선호한다. 길을 가는 사람을 붙잡고 "얼굴에 근심이 있으시네요"라고 말을 건다든지, 대학교에서 신입생에게 학교 선배라면서 안내를 핑계로 자연스럽게 접근하기도 한다. 재수생에게는 자신을 명문대 학생이라고 소개하고는 학습 멘토가 되어주겠다면서 접근하기도 한다. 그 외에도 설문 조사, 취업 상담, 재능 기부 등 접근하기 위한 핑계는 다양하다.

이들은 피해자와의 공통점을 강조하기 위해 사칭도 마다하지 않는다. 같은 학교 학생이 아닌데도 선배라고 거짓말을 하는 식이다. 일단 안면을 트면 같이 밥도 먹고 차도 마시며 만나는 횟수를 점점 늘린다. 자주 못 만날 경우에는 강의실 밖에서 수업이 끝날 때까지 무작정 기다리기도 한다. 그러다가 어느 정도 가까워지면 모임에 초대한다.

대상자는 여러 번 만나며 그동안 자신이 받은 호의 때문에 별다른 의심 없이 응한다. 이때 중요한 점은 대상자가 거부감을 느껴서는 안 된다는 것이다. 그래서 가능한 한 대상자가 가벼운 마음으로 올 수 있도록 치밀하게 준비한다. 강연회나 예배의 목적과 내용을 물어보면 종교적인 내용보다는 재미난 공연도 보고 인맥도 넓힐 수 있는 좋은 기회라면서 유혹한다. 대상자 스스로가 '경험 삼아 한 번쯤 간다고 해도 뭐가 문제가 되나?' 하는 식으로 합리화할 수 있는 여건을 만들어 끌어들인다.

두 번째는 '낚아채 올리기hooking' 단계다. 이 단계의 목적은 강연회에 온 대상자에게 편안함과 동질감을 느끼게 만들어 (격리된 장소에서 진행되는) 다음 행사에 참석하게 만드는 것이다. '문간에 발 들이기' 전략의 첫 번째 단계라고 보면 된다. 마트에서 물건을 구입하게 만들기 위해 시식을 권유하듯이, 본격적인 주말 수련회에 참석하도록 하기 위해 예비 행동인 강연회에 데려가는 식이다.

또 대상자가 최대한 긍정적으로 생각하도록 만든다. 먼저 대상자가 느낄 수 있는 어색함과 경계심을 없애기 위해 기존 신자들은 그날 참석할 예정인 대상자 정보를 사전에 공유한다. 그리고 대상자가 오면 잘 알고 있다면서 친근감을 표시한다. 돌아가면서 말을 시키는 등 관심을 보이거나 외모나 스타일 등을 칭찬한다. 사람은 자신에게 호감을 보이는 사람을 좋아한다. 자신이 갑자기 주목받는 것에 대해 처음에는 어색해하지만 금세 익숙해지며, 대접받는 상황 때문에 자신이 중요한 사람인 것처럼 착각한다.

강연 내용도 대상자의 호감을 유지하기 위해 반감을 살 수 있는 이질적인 교리 내용은 빼고 일반적인 내용–사랑, 봉사, 헌신–을 중심으로 최대한 재미있게 구성한다. 강연회를 하는 동안 대상자별로 짝이 배정되거나 기존에 데리고 온 사람이 항상 따라다닌다. 그런 다음에는 주말 수련회에 초청한다. 대상자는 우호적이고 재미있고 포근한 분위기가 주말 수련회에서도 계속될 것이라고 상상하면서 승낙한다.

사람은 고립되었을 때 가장 약해진다

세 번째는 '격리 또는 고립encapsulating' 단계다. 이 단계에서 대상자는 외부와 격리된다. 대신 기존 신자들과 어울리며 신뢰와 유대감이 깊어지고 교리에 더 가까이 다가가게 된다. 격리 또는 고립이 사람에게 미치는 효과는 엄청나기 때문에 5단계 중 가장 중요한 단계라고 할 수 있다. 사람은 고립되었을 때 심리 조작에 취약해진다. 고립은 공포와 불안을 낳기 때문에 죄수들도 독방보다는 비록 흉악범과 한 방을 쓰게 될지라도 다른 죄수들과 함께 지내는 것을 선호할 정도다. 한국전쟁 때 중공군에 잡힌 미군이 세뇌되어 조국에 대해 부정적인 방송을 한 것도 수용소라는 고립된 장소에 있었기 때문에 가능했다.

격리 단계에서 핵심을 이루는 수련회 구성 원칙은 주의력 통제, 집단적 몰두, 정보 차단, 피로, 논리와 포괄성, 이렇게 다섯 가지로 이루어진다. 특이해 보이지만 구체적으로 살펴보면 일반인을 군인으로 탈바꿈하는 훈련소의 원칙과 매우 비슷하다. 우선 주의력 통제는 대상자가 다른 생각을 하지 못하도록 일과를 아침부터 취침 전까지 빽빽하게 짠다. 대상자의 모든 움직임은 미리 계획되어 있으며 화장실에 갈 때조차도 혼자가 아니라 짝과 함께 또는 단체로 이동한다.

집단적 몰두는 대상자가 깨어 있는 동안은 항상 집단으로 움직이도록 하는 것이다. 식사나 운동, 강의, 게임뿐 아니라 춤을 출 때도 항상 단체로 활동한다. 이를 통해 대상자의 주의력을 집단으로 향하게 만든다. 정보 차단은 휴대전화나 신문, 라디오, TV 등 바깥세상과 연결되는 모든 것을 차단하는 것이다. 수련회 장소는 인적이 드문 외진 곳이 많다. 참석자의 절반 정도는 기존 신자이며 대화와 토론을 할 때 그들이 각종 주제를 선점한다.

피로는 대상자를 피곤하게 만들어 체력적, 정신적 한계에 이르도록 하는 것이다. 따라서 이런 모임이나 행사에는 장시간의 빽빽한 일정, 격렬한 신체 활동, 빈약한 식사, 수면 부족을 동원한다. 또 게임이나 단체 활동을 통해 계속되는 이성 간의 신체적 접촉은 성적 흥분을 유발하며, 이는 자제력 소모로 이어진다. 자제력은 자신의 감정이나 욕망을 스스로 억제하는 힘이다.

판사조차 자제력이 정상일 때와 그렇지 못할 때 가석방률이 달라진다. 샤이 댄지거Shai Danziger 이스라엘 텔아비브대학교 교수, 조너선 레바브Jonathan Levav 스탠퍼드대학교 교수, 그리고 리오라 애브나임-페소Liora Avnaim-Pesso 이스라엘 벤구리온대학교 교수는 이스라엘 가석방 판례를 조사했다. 가석방 신청은 대부분 거부되고 고작 35%만 승인된다. 그런데 판사들이 식사를 끝낸 직후에는 가석방 승인율이 65%로 상승한 데 비해, 다음 식사를 하기 전 약 두 시간 전부터 승인 비율이 점차 하락했다. 심지어 식사 시간 직전에는 0% 정도로 뚝 떨어졌다. 판사들이 원기가 왕성할 때는 감정을 조절해 가석방을 허가한 것이다. 하지만 피로감이 높을수록 보수적으로 생각해 가석방을 허가하지 않고 현상 유지 결정을 내렸다.

자제력이 떨어져 욕구를 이기지 못하는 사례는 다이어트에서도 쉽게 찾을 수 있다. 사람들은 낮에는 잘 참다가 밤이 될수록 자제력이 점점 떨어져 참지 못하고 결국 폭식한다. 이처럼 자제력 소모는 자기 자신을 지키려는 방어 의지도 약화시킨다. 압도적으로 많은 기존 신도들의 주장에 대해 설령 잘못된 내용이라는 생각이 들더라도 점차 받아들이게 된다.

대상자로 하여금 교리에 승복하게 하려면 교리의 핵심 원리가 논리적이고 포괄성을 갖추어야 한다. 교리가 체계적이고 세상의 거의 모든 이치를 포함하는 내용처럼 보여야 한다. 그래야만 대상자는 거부감 없이 수용할 수 있다. 대상자는 과학적이고 모든 것을 설명할 수 있는 교리에 놀란다. 기존 믿음을 버리고 새로운 믿음을 받아들이기 위해서는, 대상자에게 기존 믿음에 대해 가능한 한 많은 의심과 불확실성을 부각해야 한다. 그러면서 기존 생각을 최대한 흔들어놓는다. 그래야 수많은 논쟁 과정에서 새로운 생각을 받아들일 가능성이 높아진다.

네 번째는 '사랑loving' 단계다. 이 단계에서 대상자는 점차 교리에 빠지게 된다. 교리 내용을 받아들이고 지지하며 인정하기 시작한다. 지속적인 반복은 필수여서 주문처럼 반복하고 암송하도록 만든다. 무의식적인 상황에서도 말이 나올 수 있게 반복하면 행동에 변화가 이어진다.

다섯 번째는 '헌신committing' 단계다. 대상자는 이제 종교 단체의 구성원으로 살게 된다. 종교 단체를 위해 무보수로 일하기도 하고 새로운 구성원을 포섭하는 행동에도 적극 참여한다. 이 모든 단계는 점진적으로 이루어진다. 교리에 도취된 대상자에게는 수련회에 계속 머물 것을 유도한다. 일단 구성원이 되면 엄격한 행동 강령이 주어진다. 교리에 대한 의심은 배신이나 이단 행위로 규정한다. 점차 종교에 몰입하면서 일반 사회와 단절되고, 또 다른 대상자를 물색하며 돌아다닌다.

이렇게 해서 얻은 믿음이 사이비 종교처럼 잘못된 믿음이라면 쉽게 빠져나오기는 더더욱 어렵다. 그러다 보니 교주의 부당한 요구에도 쉽게 따르게 된다.

> 신도들을 상대로 하여 자신을 스스로 '하나님', '구세주', '이긴자', '생미륵불', '정도령', '완성자' 등으로 지칭했다. 자신은 성경의 완성이고 모든 경전의 완성이자 하나님의 완성으로서 자기를 믿으면 모든 병을 고칠 수 있다고 했다. 자신이 인간들의 길흉화복과 우주의 풍운조화를 좌우해서 1981년부터 10년 동안 한국 땅에 태풍이나 장마가 오지 못하도록 태풍의 진로를 바꿔놓고 풍년이 들게 했다는 말도 했다. 자신이 하나님인 사실이 알려져 세계 각국에서 금은보화가 모이면 마지막 날에 1인당 1,000억 원씩 나누어주겠다고 했다. 대신 헌금하지 않는 신도에 대해서는 하나님은 깍쟁이이므로 영생할 수 없다고 겁을 주었다[37].

이 사건은 1994년 우리나라를 떠들썩하게 했던 영생교 사건이다. 교주가 자신을 믿고 헌금을 하면 사망에 이르지 않는다고 신자들을 속인 사건이다. 이런 설교 내용만 들어도 허무맹랑한 말이라는 것을 금방 알 수 있지만, 월드-세이버 모델의 5단계를 거쳐 자신의 믿음으로 받아들였다면 허무맹랑한 이야기조차 진실로 받아들이게 된다. 딱 봐도 알 것 같은 거짓과 속임수에 그토록 많은 사람들이 빠져드는 데는 이유가 있다.

다단계 전략_ 정이 들수록 거절하기 어렵다

생각보다 훨씬 지능적인 다단계 포섭 작전

한 통계에 따르면 다단계 업체 구성원의 75%는 한 푼도 벌지 못한다고 한다. 그럼에도 꾸준히 다단계에 많은 사람들이 몰려들고 있다. 개중에는 한동안 빠져나오지 못하는 사람도 많다. 다단계에 빠지는 과정 역시 앞에서 다룬 월드-세이버 모델로 쉽게 설명할 수 있다. 특히 스물다섯 살 미만, 상대적으로 어린 대학생들을 집중적으로 판매원으로 포섭하는 방식을 보면 놀랍도록 유사한 면을 발견할 수 있다.

다단계 포섭 전략의 첫 번째는 대상자를 낚아채 올리는 단계다. 월드-세이버 모델에서는 잘 모르는 상대를 포섭하기 위해 미끼 단계가 따로 필요했다. 하지만 다단계는 초등학교부터 대학교까지 동기와 선후배, 동향 친구 등 아는 사람을 대상으로 하기 때문에 미끼 단계가 필요 없는 경우가 많다. 낚아채 올리기 단계의 목적은 대상자를 다단계 판매원 교육에 데려가는 것이다. 그 때문에 주변 지인들과 자주 연락해 친하게 지내면서 상대의 욕구를 먼저 파악한다. 하위 판매원을 포섭하기 위해 대상자별로 파일을 만들어 근황을 적고, 앞으로 어떻게 할 것인가를 상위 판매자에게 코치를 받는다. 코칭에 따라 다음 통화 시기와 멘트가 결정된다.

처음부터 다단계 판매원을 모집한다고 하면 거절당할 수 있기 때문에 진짜 목적은 숨기면서 이야기한다. 특히 20대 초반 대학생의 경우 사회 경험을 쌓거나 돈을 벌고 싶은 욕구가 강하다. 그래서 돈도 벌고 취업에 도움이 되는 스펙도 쌓을 수 있는 좋은 기회가 있다고 말하면 쉽게 먹힌다. 또 주로 가족과 떨어져 있거나 지방에 사는 대학생을 공략한다. 서울 등 교육장이 있는 곳에서 생활한 경우, 다단계 교육을 위한 합숙을 권유하면 거절당할 가능성이 높기 때문이다.

두 번째는 격리 또는 고립 단계다. 교육 기간 중 합숙소 생활을 자연스럽게 권유받는다. 합숙소에 합류 예정인 학생에 대한 정보는 사전에 동료와 상위 판매원에게 알린다. 일단 들어오면 기존 판매원에게 환대받는다. 끊임없이 말을 걸고 친근하게 대하는데, 처음에는 지나친 환대에 당혹스러워하지만 점차 익숙해진다. 교육 기간 중에는 갖가지 이유를 들어 휴대전화와 짐을 자연스럽게 빼앗아 간다. 외부와 완전히 고립되는 것이다.

교육 시간도 상당히 빡빡하게 짜여 있다. 매일 6시부터 오후 5시까지 정기 교육뿐 아니라 저녁에도 다단계의 원리, 상위 판매자의 성공담, 동료의 이야기, 토론 등이 이어진다. 장시간 교육은 자제력을 소모시키고 교육생으로 하여금 다단계에 대한 오해를 풀게 만든다. 이를 통해 다단계에 대한 부정적인 선입견이 사라지고 경험 삼아 한번 해보자는 마음을 먹으면서 판매원에 등록하게 된다. 조금만 열심히 하면 평생 고수익을 올릴 수 있다는 환상도 품는다.

그리고 자연스럽게 합숙소 생활이 시작된다. 합숙소에서는 밀착 감시가 이루어진다. 방장 지시에 따라 소지품을 플라스틱 박스에 넣어 방 깊숙한 곳에 보관한다. 잠을 잘 때도 방장이 현관 쪽에서 잠을 자거나 불침번을 서며 열쇠는 방장이 관리하니 마음대로 탈출할 수도 없다. 외부로 이동할 경우에는 이탈을 막기 위해 방장의 인솔하에 단체로 이동한다. 이렇게 하면 외부 세계와의 접촉은 자연스럽게 줄어든다.

세 번째는 사랑 단계다. 판매원으로 등록하면 느낀 점을 발표하게 시키고 신규 판매원으로서 각오와 비전을 만들게 한다. 이를 통해 타의가 아닌 자의에 의해 판매원이 되었다고 느끼게 만든다. 일단 판매를 시작하면, 높은 직급인 상위 판매자에서 시작하는 게 유리하다면서 물품 구입을 권유받는다. 수중에 돈이 없다고 하면 상위 판매자는 가족에게 돈을 쉽게 빌리는 방법, 대출받는 방법 등을 알려준다.

만약 저축은행에서 800만 원을 대출받으면 물건 값으로 580만 원이 빠져나간다. 소매 마진으로 상위 판매자에게 130만 원, 합숙소 비용 월 30만 원을 내면 결국 수중에는 60만 원만 남을 뿐이다. 다단계의 경우 물품 구매 후 3개월 이내 환불 요청이 가능하다. 만약 업체가 응하지 않을 경우에는 공제조합에 신청해 환불받을 수 있다. 하지만 동료들은 환불을 받지 못하도록 교묘하게 방해한다. 구입한 화장품, 생필품, 건강식품 등이 합숙소로 배달되면 동료나 상위 판매원이 공동으로 사용하거나 마시기도 하고, 일부러 포장을 훼손해 환불을 받지 못하게 만든다.

네 번째는 헌신 단계다. 불법 다단계의 주된 수익원은 물건 판매보다는 신규 하위 판매자의 유입이다. 하위 판매원을 구하기 위해 매일 일일 계획서 등을 작성해 상위 판매원에게 보고한다. 학연과 지연 등을 꼼꼼히 파악해 하루 30명의 연락처를 파악하고 노하우 노트, 친구 노트, 텔Tell 계획서(통화하는 상대방과 어떻게 말을 할 것인지에 대한 계획서)를 작성해 실천에 옮긴다. 하위 판매자를 구하지 않으면 빚을 갚지 못한다는 생각에 한 명이라도 더 포섭하려고 노력한다.

인간은 나이를 먹을수록 논리성을 경시한다

50세를 가리켜 지천명知天命, 60세는 이순耳順이라고 말한다. 50세는 하늘의 뜻까지 알 정도의 나이이고, 60세는 경륜이 쌓이고 사리 판단이 성숙해 남의 말을 받아들이는 나이라는 뜻이다. 우리 선조들은 나이가 들수록 생각이 깊고 넓어진다고 여겼던 것 같다. 하지만 현실은 반대다. 사회 경험이 적은 어린 학생만큼이나 사기꾼들이 좋아하는 집단이 바로 노년층이다. 미국의 경우 60세 이상 인구가 전체의 12%인데, 전체 사기 사건의 피해자 35%가 60대 이상이다.

사람은 늙어가면서 주의력이 떨어지고 복잡한 것에 대해 생각하는 것을 꺼리게 된다. 집중하기 위해서는 에너지가 필요한데, 나이가 들어감에 따라 에너지 공급이 줄어들면서 한 가지 정보에 전념하기도 힘들어진다. 심리학자 로라 카스텐슨Laura Carstensen은 사람들은 늙어감에 따라 점차 인과관계를 따지지 않는다고 했다. 설득하는 내용이 논리적인지 여부에 주의를 기울여 깊이 생각하지 않는다. 게다가 나이가 들수록 판단력은 떨어지지만 자기 확신은 더욱 커진다. 판매원의 말에 쉽게 현혹되어 값비싼 옥 매트를 구입하거나, 행운을 불러온다면서 비싸게 파는 황금 거북이(사실은 진짜 금이 아닌 도금된 거북이)도 별 의심 없이 구입한다. 특히 혼자 사는 외로운 노인들은 더 쉽게 조종당한다.

이 때문에 금융감독원은 2013년 주가 연계 증권ELS 등 고위험 파생 상품에 대해 65세 이상 고령자들이 가입할 때 숙려 기간을 두거나 가족 도움을 받는 것을 의무화했다. 노인들이 투자 권유에 쉽게 설득당해 손실을 입은 사례가 급증했기 때문이다.

명절 때 오랜만에 시골집에 내려온 L씨는 집에 그동안 보지 못했던 수많은 건강 보조 식품이 쌓여 있는 것을 보고 깜짝 놀랐다. 종류도 스콸렌, 홍삼 등 다양했다. 70대 중반인 어머니가 홍보관에 다녀와서 구입한 물건이었다. 동일 제품이 시중에 없어 정확하게 가격을 비교하기는 어렵겠지만, 어림잡아도 시중 판매가보다 10배 정도 비싸게 구입한 것 같았다.

시골에서 노인들이 자주 방문하는 홍보관이나 체험관은 어떤 원리로 만들어질까? 업체는 제품을 홍보하기 위해 몇 개월간 일정한 공간을 빌린다. 모든 연령대나 성별을 상대하기보다는 설득하기 쉬운 특정 집단을 집중적으로 공략한다. 노인이나 사회 경험이 적은 중년 아주머니를 끌어들이기 위해 남성이나 다른 연령대 사람의 출입을 제한하는 식이다. 그런 다음 신뢰를 쌓는 데 많은 시간과 노력을 투입한다. 견고한 신뢰 관계가 형성되면 사람들은 수차례 피해를 당해도 계속 홍보관을 찾아온다.

홍보관 역시 제품을 팔기 위해 사이비 종교나 다단계와 마찬가지로 '감정'에 중점을 둔다. 사람은 감정적일 때 충동적으로 행동한다. 홍보관의 첫 단계는 여느 속임수와 다르지 않다. 특히 아는 사람이 미끼 역할을 하는 경우가 많다. 업체에서는 방문자가 다른 사람을 데리고 올 경우 인센티브를 준다. 재미있다는 소문을 내기 위해 어르신들이 관심을 가질 법한 무료 노래 교실과 각종 공연을 주최하고, 연예인을 동원하기도 한다. 공짜 선물과 사은품도 푸짐하게 풀어놓는다.

홍보관은 대개 몇 개월 동안 활동하는 것이 보통이다. 그래서 피해자와의 신뢰 쌓기 작업을 단번에 끝내기보다는 비교적 장기간에 걸쳐 진행하는 경우가 많다. 처음부터 물건을 팔기보다는 2~4회 정도 재미난 공연에 초대하고 각종 선물을 주면서 견고한 신뢰를 쌓은 후, 물건 판매를 시작하는 것이다. 굳건히 쌓인 신뢰는 지속적으로 피해자에게 돈을 뜯을 수 있게 환경을 만든다.

홍보관 업자들은 물건을 팔기 전에 손님들의 흥분 상태를 높이려고 한다. 참석자들에게 미리 흥분제를 섞은 음료수를 나눠주는 홍보관도 있을 정도다. 흥분 상태를 높이기 위해 노래와 춤, 레크리에이션도 빠지지 않으며, 젊은 직원들의 재롱과 애교로 가득한 장기 자랑도 필수 코스다. 안마나 포옹 등의 스킨십을 구사하는 경우도 있다.

흥분을 더욱 높이는 데 공짜 상품을 빼놓을 수 없다. 추첨 또는 장기 자랑을 통해 나누어주는 공짜 상품을 하나라도 더 받을 욕심에 긴장감이 조성된다. 받은 사람에게는 희열을 주고, 받고 싶어 하는 사람은 어떻게 해서든지 다음에는 받으려는 마음을 갖게 만든다. 이런 과정이 반복되면서 자제력은 점점 떨어진다. 이와 더불어 그동안 받은 무료 상품은 심리적으로 빚진 기분을 안겨준다. 이런 심리 상태는 '이렇게 우리를 위해 노력하는 젊은이를 위해 하나 사줘야지'라고 마음먹게 만든다.

이제 흥분이 최고점에 이르면 슬슬 설득이 시작된다. 기분이 좋아지면 자신뿐 아니라 타인에게도 관대해진다. 이런 상태라면 업자는 '먹잇감'들을 한결 수월하게 설득할 수 있다. 특히 홍보관이라는 폐쇄된 공간 역시 앞서 보았던 사이비 종교와 다단계처럼 설득이 잘 먹히는 분위기를 만든다.

더구나 같은 성별에 비슷한 나이대로 이뤄진 무리는 집단 내 압력에 매우 취약하다. 이것을 '동조 현상'이라고 한다. 개인이 소속된 집단의 압력을 받아 자신의 생각이 달라도 집단의 생각과 행동을 따라 하는 것을 말한다. 무리 중 한두 명씩 구매한다고 손을 들면 급속도로 동조 현상이 일어난다. 일부러 동조 현상을 유도하기 위해 바람잡이를 중간중간 심어놓는 경우도 있다. 이런 장치들은 사전에 치밀하게 계획되어 있으며 남성보다는 여성이 이 같은 심리적 조작에 취약한 편이다.

물건을 팔 때는 기존 마케팅 수법을 답습한다. 생산자와 소비자 간 직거래를 통해 저렴한 가격에 상품을 구입할 수 있다고 속이면서, 형편없는 제품임에도 정가를 높이 부른 후 50~80%나 세일한다고 속인다. 거기에다 오늘만 특별히 1+1 행사를 한다면서 욕망에 불을 붙인다. 없는 마감 시간도 만들고 지금 당장 돈이 없어도 된다면서 쉽게 구입하도록 만들기도 한다. 만약 구매자가 적으면 강압적인 분위기를 조성하기도 한다. 나중에 속은 것을 알고 반품을 할 때도 꼬투리를 잡는다든지, 면박을 주어 반품을 하지 못하도록 만드는 방식이다.

판매 상품은 대개 유명 브랜드 제품이 아닌 경우가 많다. 상표나 브랜드가 명확하면 자녀들이 이리저리 찾아보고 금세 실제 가격을 알아낼 수 있기 때문에 바가지를 씌우지 못한다. 그래서 비교할 수 없게끔 OEM(주문자 위탁 생산) 방식으로 홍보관 업자들이 직접 만든다. 턱없이 비싸다고 항의하면 기존 제품과의 차별성을 과장한다. 홍보관 판매 상품은 주로 노년층을 대상으로 하다 보니 온열 매트, 홍삼, 블루베리, 수맥 차단 매트 등 건강 관련 제품이 많다. 자식들에게 짐이 되기 싫어하는 부모의 심리를 이용해 상조용품을 고가에 판매하기도 한다. 홍보관 매출이 약 7조 원에 달한다는 이야기가 있을 정도로 이들의 판매 전략은 지능적이다.

처음부터 빈틈을 허용하지 마라

폐쇄된 공간에서 집단 압력을 받으면 올바르게 판단하기 어렵다. 잘못된 선택으로 돈은 물론 인생 자체를 송두리째 빼앗길 수도 있다. 그렇게 되지 않기 위해서는 처음부터 빈틈을 허용해서는 안 된다. 이를 위해서는 5단계 월드-세이버 모델, 불법 다단계나 홍보관의 판매 수법을 미리 아는 게 중요하다.

특히 아는 사람이 교육, 모임 등을 이유로 폐쇄된 공간에 가자고 제안할 때는 단호하게 거절해야 한다. 닫힌 공간에서는 여간해서는 자신의 생각을 유지하고 지키기가 힘들다. 초기 단계에 빠져 있다면 가족, 친구 등 주변 사람의 도움을 적극 요청해야 한다.

불법 홍보관도 마찬가지다. 속임수에 걸려들지 않기 위해서는 아예 출입하지 않는 것이 가장 확실한 대처 방법이다. 악덕 판매업자가 운영하는 홍보관에 출입하는 순간, 물건을 사지 않고는 나가기 어렵기 때문이다. 빈틈을 보이기를 호시탐탐 노리는 이들이 너무나도 많다는 사실을 기억하자.

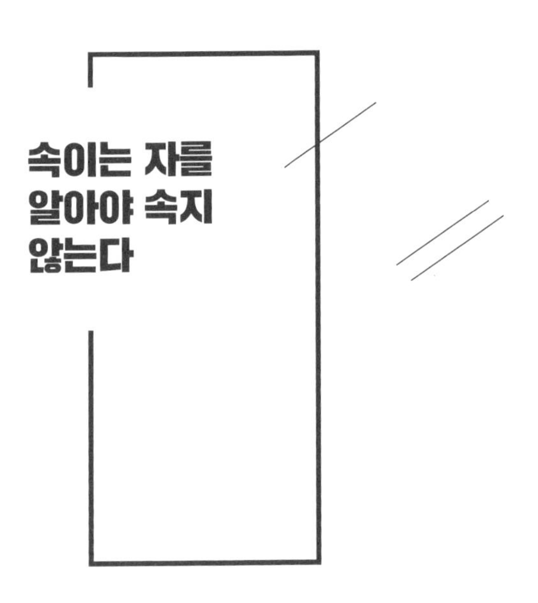

속이는 자를 알아야 속지 않는다

우리는 누구에게 속는가

검찰에 처음 들어갔을 때 일이다. 어느 고참 수사관이 사무실에 들어오는 사람의 관상만 봐도 무슨 죄로 왔는지 알 수 있다고 너스레를 떨었다. 그 말을 듣자 18세기 중·후반 이탈리아의 범죄학자 체사레 롬브로소Cesare Lombroso가 떠올랐다. 그는 범죄자는 일반인과 다른 신체적 특징이 있다고 주장했다. 그의 주장은 후세의 엄청난 비난에 직면해 폐기 처분되었지만, 사람들 마음속 한구석에 여전히 자리 잡고 있는 생각을 대변하는 것 같다. 특히 관상을 잘 믿는 한국인들에게는 더더욱 말이다. 나 역시 그랬다. 그래서 한동안 고참 수사관의 말을 믿고 노하우를 전수해달라고 졸랐다. 얼마 후 들은 비법은 참으로 허탈했다.

"우리 사무실에 오는 사람 대부분은 사기와 횡령죄야. 별다른 구별법이 있을 리 없잖아?"

'사기꾼의 이미지'라는 것이 정말로 있을까? 중국 전통 기예 변검을 보면 순식간에 바뀌는 가면에 탄성을 지르게 된다. 사람들이 생각하는 전형적인 사기꾼의 모습도 변검처럼 시대에 따라 바뀌었다.

농업 사회에서 사기꾼은 장터에서 흔히 볼 수 있었다. 당시 사기꾼은 구경꾼에게 세 장의 카드 중 빨간색 원이 그려져 있는 카드를 찾으면 건 돈의 몇 배를 준다면서 놀이를 권하는 야바위꾼에 가까웠다. 하지만 산업화 시대가 되자, 사기꾼은 말쑥한 차림에 고급 자가용을 타고 다니는 사업가의 모습으로 변모했다. 정보 통신 기기의 발달로 전 세계가 하나의 네트워크로 연결된 지금은 사기꾼의 실제 모습을 보기 어렵다. 때로는 전화 너머에서 이야기하는 독특한 억양의 조선족 남성일 때도 있고, 좋은 땅이 있다고 청산유수처럼 말하는 기획 부동산 업자일 때도 있다.

그래서인지 사기꾼을 '나와는 전혀 다른 생김새와 부류의 사람'이라고 생각하기 쉽다. 마치 어린아이들이 '나쁜 사람'이라고 하면 아주 험상궂고 머리에 뿔 달린 사람이라고 생각하는 것처럼 말이다. 그러나 아주 잘못된 판단이다. 실제로 당신을 속이는 사람은 예전부터 당신을 알거나 당신과 아주 가까운 사람이다. 같은 지역 출신이거나 인척 관계에 있는 등 유전적으로 공통점이 많은 사람이다. 결국 사기 칠 관상이란 우리와 비슷한 얼굴을 한 사람들이다.

그들은 자기 잘못을 쉽게 합리화한다

사람들은 사기꾼 관상이 따로 있다고 생각할 뿐 아니라 남을 잘 속이는 성격이나 성품도 따로 있다고 믿는다. 속임수가 통하는 과정을 생각해보면 사기꾼은 배신의 아이콘이다. 그럴싸한 말로 착각하게 만들고 결정적인 순간에 상대의 믿음을 배신한다. 그래서 배신을 잘할 것 같은 사람이 사기꾼이 될 가능성이 높다고 생각한다. 하지만 정말 그럴까?

수사를 하면서 사기꾼들에게 왜 상대를 배신했느냐고 물어보면 "나는 배신한 적이 없다"라는 대답이 돌아온다. 사기꾼뿐만 아니라 사람들은 저마다 자신만의 진실을 가지고 있다. 유명 시나리오 작가 로버트 매키Robert Mckee의 말을 빌리면 '사실과 진실에는 차이'가 있다. 사실이란 있었던 그 자체인 데 반해 진실은 사실을 어떻게 받아들이고 해석하느냐에 대한 것이다. 따라서 사실은 각자의 시각에 따라 서로 다른 진실이 된다. 정치인들이 이념에 따라 동일한 사실을 전혀 다르게 해석하는 것과 같다. 이들은 같은 문제에 대해 정반대의 해법을 제시한다.

그러면 사기꾼과 피해자의 진실은 어떤 차이가 있을까? 이들도 여야 정치인처럼 서로 다른 진실과 그에 따른 기대를 가진다. 피해자의 진실에 따르면 사기꾼은 자신의 잘못을 인정하고 무릎 꿇고 용서를 빌면서 손해를 배상해야 한다. 하지만 조사 현장에서 피해자가 사기꾼에게 듣는 소리는 "난 나쁜 행동을 한 적이 없다"라는 말뿐이다. 속임수가 백일하에 드러났을 때조차 사기꾼은 자신의 잘못을 부인한다. '방귀 뀐 놈이 성낸다'라는 속담처럼 심지어 화를 내기까지 한다.

사기꾼의 진실에 자기 잘못은 없다. 투자 명목으로 돈을 빌렸으나 갚지 못해 도망쳤다가 나중에 잡혀 조사받는 사람조차 "내가 잘못한 게 아니에요. 다른 곳에 투자했는데 그게 잘 안 되어서 그래요. 나도 사기당한 피해자라고요!"라고 변명한다. 빌린 목적과 달리 돈을 엉뚱한 곳에 사용했음에도, 갑자기 정부 규제가 생기는 바람에 자금 유치가 어려워져 투자를 실행할 수 없었던 것이라며 제도나 법규를 탓하기도 한다. 피해자가 잘 알지 못하는 제3자를 탓하며 연신 무죄를 주장한다. 그러면서 다른 사업만 잘되면 충분히 갚아줄 능력이 있다고 자신 있게 이야기한다.

그 때문에 사기꾼이 말한 핑계를 확인해보면 또 다른 사람을 속여야 되는 게 보통이다. 게다가 사기꾼은 때로는 비난의 화살을 피해자에게 돌리기도 한다. 돈을 늦게 혹은 적게 빌려줘서 투자가 제대로 이뤄지지 못했다면서 피해자를 탓한다. 또는 피해자가 투자 초기 고율의 이자나 배당금을 받은 것을 상기하면서 "너도 돈을 좀 벌었잖아. 고수익을 올리려면 높은 위험을 감수해야 한다는 것은 다 아는 상식 아니야?"라며 책임을 전가한다. 피해자의 탐욕을 비난하면서 자신은 나쁜 짓을 한 적이 없다고 변명한다.

남을 탓하거나 자기 죄를 부인함으로써 사기꾼이 얻는 것은 마음의 평화다. 자신의 행동에 대한 정당화는 마음속 작은 불편함을 사라지게 해준다. 전문 사기꾼들의 이야기를 들어보면 그들은 습관적으로 변명을 잘하며 죄책감을 덜 느낀다. 죄책감은 인과관계에 대한 인식에서 나온다. 내 행동이 다른 사람의 불행으로 이어진다고 생각하면 죄책감을 쉽게 느낀다. 하지만 아무런 관계가 없다고 생각하면 죄책감을 가질 필요가 없다.

이런 성향은 사기꾼에게서만 나타나지 않는다. 거의 모든 범죄자에게서도 흔히 볼 수 있다. 강간 등 성폭력 가해자는 피해자가 자기를 꾀어서 성관계를 가지게 되었다면서 뻔뻔함을 드러낸다. 종교와 가족을 들먹이는 데도 주저함이 없다. 이들이 조사 받을 때 자주 하는 말이 "하나님(또는 부처님)께 맹세하건대", "성경에 손을 얹고 맹세하건대", "우리 가족의 명예를 걸고 말하지만" 등이다. 신앙은 개인적인 위안과 용기를 얻기 위함이지 남의 신뢰를 얻기 위한 수단이 아니다. 가족도 마찬가지다. 진실한 사람은 이런 말을 내뱉지 않을뿐더러, 이런 데 기대거나 의존할 필요가 없다. 이런 말을 쉽게 한다는 것은 진실하지 않음을 광고하는 것과 같다.

더 이상 핑계를 댈 수 없는 막다른 상황에서도 사기꾼은 거짓의 장막을 걷어내거나 잘못을 낱낱이 고하지 않는다. 드러난 일부 사실만 시인하면서 자기 잘못을 최소화하는 쪽으로 방향을 튼다. 그리고 자신이 인정한 작은 잘못조차도 빨리 기억에서 지우려고 노력한다. 피해자는 이런 사기꾼의 모습을 보고 나서야 그들의 실체를 깨닫는다. 그리고 그런 사람을 믿은 스스로를 자책한다.

결국 남을 잘 속일 것 같은 성품이란 자신의 잘못을 쉽게 합리화하는 사람이다. 작은 일에도 공사가 불분명하고 분명한 원칙이 없을수록 상황에 따라 태도를 금세 바꾼다. 그러고는 상황이나 상대방을 탓한다. 유의할 점은 성품이 이런 사람이라고 해서 모두 사기꾼으로 돌변하지 않는다는 점이다. 반대로 자신에게 엄격해 공사를 명확히 구분하는 사람도 남을 속일 때가 있다.

특히 남을 이기기 위해 편법이나 탈법도 상관없다는 문화가 존재하는 우리 사회에서는 더욱 그렇다.

관계의 지속성이 가늠자가 될 수 있다

그럼 어떤 상황에서 배신이 더 난무할까? 해답은 전통 시장에서 찾을 수 있다. 전통 시장에 가면 정찰제가 아직 정착되어 있지 않아 실제 가격이 얼마인지 알기 어려운 곳이 많다. 부르는 게 값이다. 만약 당신이 시장 가격도 모르고 외지인이나 뜨내기 손님처럼 보인다면 바가지를 쓸 가능성이 높다. 반면 단골이고 시장 가격을 잘 안다면 상대 농간에 속을 가능성이 적다. 여기서 주목해야 할 점은 관계의 지속성이다. 한번 보고 안 볼 사이라면 정글처럼 속임수와 배신이 판을 친다.

반면 거래가 지속적이라면 배신의 대가가 크기 때문에 배신하기가 어려워진다. 제1차 세계대전 당시 연합군과 독일군 사이에는 오랫동안 참호전이 벌어졌다. 참호란 적의 공격에 대비하는 방어 설비로, 적의 총포탄에 의한 피해를 최소화하고 전투를 자유롭게 수행할 수 있도록 땅을 파서 만든 도랑을 가리킨다. 참호전은 자신들이 파놓은 참호 속에서 나와 상대 참호로 진격하는 방법이다. 상대의 사격으로 목표 지점에 도달하지 못하고 모든 병력이 궤멸하는 경우도 많았다. 연합군과 독일군 양측은 상대 참호를 뺏기 위해 적이 도발하면 바로 응징했다.

그런데 서로 심한 피해를 입고 전선에 변화가 없자 양측은 참호를 사이를 두고 오랫동안 교착 상태에 빠졌다. 서로 간에 명시적인 약속은 없었지만 암묵적으로 상대를 공격하지 않았다[38]. 이런 비공식적 휴전은 양측 사령부에서 해당 지역 지휘관을 대폭 교체함으로써 사라졌다. 새로 온 이들에게는 기존 거래 관계가 없었기 때문이다. 이처럼 거래가 계속되는지 여부는 배신이 쉽게 일어나는 여부를 결정하는 요소가 된다. 신뢰는 상대의 성품과 깊은 관련이 있지만, 성품과 상관없이 지속적인 관계 여부도 중요하다.

중고품 거래 사이트인 네이버 중고나라 등에서 사기가 많은 이유도 개인 간 단발성 거래가 많기 때문이다. 속칭 '먹튀(먹고 튀기)'가 언제든지 가능하다. 따라서 일회성 거래에서 사기를 당하지 않는 방법 중 하나는 거래 상대의 평판을 알아보는 것이다. 이전 거래 내역을 보거나 거래자가 했던 말을 통해 상대를 믿을 수 있는지 여부를 판단할 수 있다. 어떤 절차를 거쳐 거래를 완료했는지, 다른 거래도 있었는지, 거래 관련 질문에 대해 답변을 잘 달아주었는지 등을 보아야 한다. 이 때문에 '뽐뿌' 등 일부 인터넷 직거래 사이트는 판매자의 과거 거래 내역과 게시판의 게시글 내역 등을 자동으로 보여준다.

계속적인 거래 관계임에도 상대를 배신하는 경우도 있다. 현재 처해 있는 상황이 급박한 경우, 마지막으로 크게 한탕 해먹고 튀려는 상황이다. 지속적인 관계에서 이런 상황을 알기는 쉽지 않다. 그렇기 때문에 상대가 거래 당시 평소와 다른 말과 행동을 한다면 좀 더 면밀히 살펴봐야 한다. 특히 급박한 상황에서 여유를 차리기는 쉽지 않다. 평소와 달리 쉽게 조급증에 빠져 빨리 해달라고 다그친다든지 안달한다면 거래에 신중을 기해야 한다.

속임수 간파 기술 1 : 평소와 다른 것을 잡아내라

거짓말 탐지를 직업으로 하는 수사·감사 부서를 대상으로 오랫동안 '거짓말 탐지'라는 주제로 강의를 해왔다. 강의 첫머리에 항상 교육생들에게 던지는 질문이 있다.

"당신의 거짓말을 가장 잘 알아맞히는 사람은 누구입니까?"

교육생의 대상과 연령은 달랐지만 답은 항상 같았다. '잘 아는 사람'이었다. '왜 잘 아는 사람이 거짓말을 잘 탐지할까?'라는 질문에 대한 답을 찾기 전에, 먼저 거짓말과 참말의 차이를 알아볼 필요가 있다. 기억과 감정으로 나누어보면 둘의 차이를 쉽게 알 수 있다. 기억 면에서 보면 참말은 자기가 알고 있는 사실을 그대로 이야기하기 때문에 부담이 적다.

반면 거짓말은 그렇지 않다. 거짓말을 하려면 먼저 진실을 생각한다. 그리고 어떤 식으로 거짓말을 할지 생각하면서 말한다. 또 추가 질문을 받았을 때 어떻게 답변할지도 감안하면서 말을 한다. 만약 연이은 질문에 대답을 머뭇거린다든지, 전과 다른 답변을 한다면 상대가 눈치챌 수 있기 때문이다.

감정도 마찬가지다. 참말에 비해 거짓말은 다양한 감정을 만든다. 거짓말을 하면 상대가 알아차리지 않을까, 하는 두려움이 생긴다. 중요한 일일수록 두려움은 커진다. 또 상대를 속이는 것에 대한 죄책감도 느낀다. 특히 가까운 사람이나 사랑하는 사이라면 죄책감은 커진다. 외도한 배우자가 사실을 고백하는 가장 큰 이유도 배우자에 대한 죄책감 때문이다. 물론 상대가 자신과 사이가 좋지 않을 경우에는 속이는 즐거움도 발생한다[39].

이렇듯 거짓말은 참말에 비해 기억과 감정 측면에서 많은 부담을 준다. 그 결과 fMRI(기능성 자기공명 장치)를 통한 뇌 영상을 보면 참말을 할 때보다 거짓말을 했을 때 활성화되는 부위가 훨씬 많은 것을 볼 수 있다.

아이들은 성인에 비해 거짓말을 못한다. 거짓말 때문에 느끼는 감정을 숨기는 데 익숙하지 않아서다. 아이들은 '엄마나 아빠가 내 거짓말을 알아채면 어떡하지'라는 두려움과 믿어준 부모를 속인다는 죄책감을 크게 느낀다. 거짓말을 하면 얼굴이 금세 홍당무가 되는 것은 이 때문이다. 어떤 아이들은 스트레스를 견디지 못해 울어버리기도 한다. 특히 예전에 거짓말을 했을 때 들킨 경험이 있다면 발각의 두려움은 더욱 커진다.

하지만 나이가 들수록 감정을 억제하고 표정을 감추는 데 익숙해진다. 그렇다고 해도 여전히 부모 같은 사람 앞에서 거짓말하기는 쉽지 않다. 부모 같은 사람이란 나에 대해 잘 알고 있는 사람이다. 감정의 변화는 언어뿐 아니라 표정과 몸짓 등 비언어의 변화도 동반한다.

거짓말 탐지의 기본은 상대를 관찰하는 것에서 출발한다. 질문을 하면서 상대의 반응을 유심히 살펴봐야 한다. 만약 상대가 질문에 따라 평상시와 다른 말과 행동을 보인다면 의심해볼 필요가 있다. 이때 주의해야 할 점은 선입견을 버려야 한다는 것이다. 거짓말 탐지와 관련해 사람들의 일반적인 믿음을 조사한 적이 있었다. 45개국이 이 프로젝트에 참여했는데, 가장 많은 대답은 바로 눈 맞춤eye contact이었다. 사람들은 거짓말을 하면 상대를 제대로 보지 못한다는 믿음을 일반적으로 가지고 있다. 눈은 마음의 창이라는 말처럼 거짓 여부를 알기 위해 "내 눈을 똑바로 보고 사실대로 말해"라고 한다. 또 거짓말을 할 때는 평상시보다 말실수를 자주 하거나 말을 더듬고, 말을 하다가 잠깐 멈춘다고 생각한다.

하지만 수많은 연구 조사 결과를 보면, 한두 가지 변화만으로 거짓말을 탐지하는 방법은 별다른 효과가 없다. 사람들마다 얼굴 표정과 몸짓 등 비언어적 습관이 다른 경우가 많기 때문이다. 어떤 사람은 선천적으로 수줍음을 많이 타서 눈을 잘 맞추지 못한다. 어떤 사람은 성인이 되어서도 줄곧 말을 더듬기도 한다.

사기꾼은 거짓말 탐지 방법과 관련한 일반인의 믿음을 역이용한다. 상대와 이야기할 때 일부러 눈길을 피한다는 인상을 주지 않으려고 노력한다. 그렇기 때문에 거짓말 탐지를 할 때 모든 사람들에게 적용되는 한두 가지의 방법은 존재하지 않는다.

"유난히 자기 자랑을 하는 친구가 있었어요. 여행을 갔다든지, 무엇을 샀다든지 하면서 묻지 않아도 친구들 앞에서 상세한 구매 과정까지 이야기하는 식이죠. 워낙 입담이 좋아 그 친구 이야기를 들으면 정보도 많이 얻었어요. 어느 날 명품 가방을 하나 들고 왔기에 '이거 어디서 샀어? ○○백화점? 아니면 △△면세점?'라고 물었어요. 그런데 갑자기 그 친구가 '남의 가방에 왜 그렇게 관심이 많아?'라면서 버럭 화를 내는 거예요. 그러면서 가방에 대해서는 한마디도 하지 않더라고요.

따라서 한두 가지 방법에 집착하기보다는 위 사례와 같이 평상시와 다른 변화를 보고 거짓말을 탐지하는 편이 훨씬 효과적이다. 이런 방법은 실생활에서도 광범위하게 사용된다. '남자 친구가 바람난 것을 어떻게 아는가'라는 질문에 여성들은 '어느 날부터인가 휴대전화가 잠겨 있을 때', '화장실 가면서 갑자기 휴대전화를 가져갈 때'라고 대답했다. 굳이 자리를 피해 전화를 받는다거나, 평소와 다르게 외모에 많은 신경을 쓴다거나, 보수적인 옷만 입던 사람이 갑자기 캐주얼한 옷을 찾는다. 사람뿐 아니라 거짓말 탐지기의 원리도 비슷하다. 시간이나 이름 등 대수롭지 않은 질문(통제 질문)을 던져 평소의 신체적 반응을 관찰한다. 그런 다음 사건 관련 질문, 범인만이 아는 범죄 지식과 관련된 질문을 던져 신체 변화를 기계로 측정한다.

경험 많은 사기꾼은 거짓말에 따른 감정 변화가 적다. 남들이 보기에 명백히 잘못된 행동조차 합리화를 잘하기 때문이다. 그리고 과거에 많은 사람들을 속여봤기 때문에 발각에 대한 두려움도 적다. 작은 감정의 변화는 작은 신체 반응으로 이어진다. 그렇기 때문에 사기꾼들 중에는 거짓말을 하더라도 별다른 표정 변화가 없는 '포커페이스'가 많다. 그럴수록 더 유심히 살펴봐야 한다.

그럼 잘 아는 사람에게 쉽게 속거나 반대로 거짓말을 쉽게 알아낼 수 있는 이유는 무엇일까? 그것은 있는 그대로를 믿는 성향 때문이다. 이것을 '진실 편향'이라고 한다. 사람이 진실 편향을 갖는 이유는 살아가는 데 효율적이기 때문이다. 의심은 시간과 에너지를 많이 사용하게 만든다. 의심은 의사 결정 속도를 늦추고 적정한 타이밍을 놓치게 한다. 이런 진실 편향은 잘 아는 사람에게 더욱 효과적으로 적용된다.

이런 상태에서 거짓말 여부를 알아내기가 쉽지 않다. 평상시와 다른 반응을 보여도 '설마 나를 속이겠어?'라면서 부정적인 정보를 일부러 무시한다. 하지만 믿음이 깨지는 순간 진실 편향은 거짓 편향으로 바뀐다. 의심부터 하게 되면서 기존에 했던 말과 행동을 복기하기 시작한다. 평상시 습관을 잘 알고 있기 때문에 조금이라도 변화를 감지하면 왜 그런 변화를 보이는지 의심을 품는다. 이렇게 해서 가장 속이기 쉬운 상대는 가장 속이기 어려운 상대로 변한다.

여기서 자신의 거짓말을 알아맞힌 사람이 누구냐고 좀 더 자세히 물어보면 아버지, 남편, 오빠, 아들 등 남성을 꼽은 경우는 극히 드물다. 교육생의 성별과 관계없이 자신의 거짓말을 가장 잘 탐지하는 대상은 어머니, 아내, 여자 친구, 여동생 등 여자가 많다. 이런 결과는 남녀 간 뇌 구조 차이 때문이라고 앞서 언급한 적이 있다. 상대의 거짓말을 잘 탐지하고 싶다면 여성처럼 상대의 말과 행동에 동시에 집중하면서 잘 기억하려고 노력해야 한다. 특히 질문에 답할 때 평상시와 어떤 차이가 있는지 잘 살펴야 한다.

물론 이는 쉬운 일이 아니다. 또 매일 누군가를 의심의 눈초리로 사람을 보다 보면 까다로운 성격의 소유자가 될 수도 있다. 분명 매순간 이렇게 살 수는 없을 것이다. 하지만 꼭 필요한 순간을 위해 익혀둘 필요는 있다. 분명히 말하지만 거짓 정보에 휘둘리지 않기 위해서라도 반드시 필요한 습관이다.

속임수 간파 기술 2 : 끊임없이 질문을 던져라

수완 좋은 카사노바나 사기꾼의 공통점은 만남 초기에 상대에 대한 판단을 잘 내린다는 점이다. 다시 말해 헛물을 켜지 않는다. 쉽게 넘어올 상대인지 여부를 한두 가지 반응만으로 재빨리 판단한다. 빈틈없고 꼼꼼히 따지는 사람이라면 주저 없이 포기한다. 반면 남을 잘 믿고 권위나 집단의 압력 등 주변의 영향을 쉽게 받을 만하다면 본격적인 작업에 들어간다. 이들의 그럴싸한 이야기, 완벽해 보이는 설명을 듣노라면 모든 의문이 풀리는 듯하다. 더 이상 질문이 필요 없어 보인다.

하지만 질문 없이 일방적인 연설이나 설명만 가지고 거짓말인지 판단하기는 불가능하다. 미리 준비한 연설이나 설명은 분석할 가치가 없는 경우가 대부분이다. 발음과 어투, 표정과 몸짓에 대해서도 충분히 연습했기 때문이다. 자신감 있는 말투나 절제된 제스처는 보는 이들로 하여금 그가 하는 말이 진실이라고 쉽게 착각하게 만든다. 하지만 우리가 판단해야 할 대상은 절제된 제스처나 미리 준비한 말이 아니다. 즉흥적으로 쏟아내는 말과 행동이다. 적절한 질문을 통해 이 부분을 판단할 수 있다.

"물증을 잡기 위해 질문을 계속 던져야 하죠. 말을 많이 하다 보면 어느 순간 실수하게 되거든요. 주의할 점은 어느 정도 증거가 수집될 때까지 감정을 조절해야 한다는 점이에요. 때로는 모른 척도 해야 돼요. 그래야 적극적으로 거짓말을 할 수 있거든요."

그러므로 상대가 준비하지 않은 말을 많이 시켜야 한다. 아무것도 모른다는 식으로 적절하게 호응하면 상대는 신이 나서 말을 많이 하게 된다. 이때 주의할 것은 답변 중간에 상대가 거짓말하는 것을 알아차리더라도 바로 "왜 거짓말을 하냐?"라면서 쏘아붙이지 말아야 한다는 점이다. 적절한 호응과 경청을 통해 더 많은 정보를 얻은 다음에 판단해도 늦지 않다.

이와 같은 인터뷰 방식을 사용한 대표적인 인물로는 1970년대 TV 형사물 주인공인 콜롬보 형사가 있다. 범인 앞에서 콜롬보 형사는 호기심 많은 옆집 아저씨에 가깝다. 조사 초기에 사건에 대한 핵심 질문을 하기보다는, 요리나 주변 물건에 관심을 더 갖는다. 자신의 배우자 이야기를 하면서 상대에게 위압적이거나 똑똑하다는 인상을 주지 않는다. 그래서 범인은 시간이 갈수록 콜롬보 형사를 얕잡아 본다. 그런 가운데 형사 콜롬보는 이것저것 질문을 하면서 많은 정보를 습득한다.

마지막 인터뷰가 끝날 무렵 콜롬보 형사의 진가는 드러난다. 다 물어보았다면서 밖으로 나가려다가 갑자기 돌아서서 핵심 질문을 던진다. 이때 범인은 상대를 얕잡아 본 터라 갑작스러운 질문에 움찔하면서 말과 행동에 변화를 보인다. 진실이라면 보이지 않을 반응을 자기도 모르는 사이에 보이고 만다.

앞서 평상시와 다른 말과 행동이 거짓말의 단서라고 설명했다. 그러면 어떤 말이 참말일까? 일반인뿐 아니라 법원에서도 두 가지 기준으로 상대 진술의 신빙성을 판단한다. 첫째는 일관성이다. 잇단 '말 바꾸기'로 신뢰를 잃었다는 기사 내용을 봤을 것이다. 사람들은 일관성 있는 발언을 신뢰와 진실의 기준으로 삼는다. 거짓말뿐 아니라 진실을 알기 위해서도 상대에게 말을 많이 시켜야 한다.

만약 상대가 거짓말을 한다면 말을 할수록 일관성을 유지하기는 점점 힘들어진다. 거짓말은 또 다른 거짓말을 낳기 때문이다. 특히 여러 곳에서 동시다발적으로 사람을 속이는 경우 더욱 그렇다. 말이 달라지는 것을 지적해도 사기꾼은 쉽게 인정하지 않는다. 능숙한 솜씨로 그럴싸한 변명을 늘어놓을 뿐이다. 하지만 변명을 하나씩 확인해가면 금방 밝혀낼 수 있다.

둘째는 구체성이다. 구체성이 결여된 대답은 상대에게 신뢰를 주기 어렵다. 비밀 정보기관원을 사칭하는 사기꾼들은 비밀이라면서 자신에 대해서는 구체적인 이야기를 하지 않는다. 콜드 리딩의 원리처럼 비밀이라면서 모호하고도 다양하게 해석할 수 있는 암시만 줄 뿐이다. 일단 믿기 시작하면, 상대의 애매하거나 구체적이지 않은 말에도 피해자는 상상의 나래를 펼쳐 멋진 이야기를 스스로 만든다. 그러나 구체성이 결여된 이야기는 설득하려는 상대방이 채워 넣어야지, 듣는 사람이 채워 넣을 것이 아니다.

상대의 말이 진실인지 확인하고 싶다면 이야기 중간이나 특정 부분을 반복해달라고 해보자. 꾸며낸 이야기라면 구체성과 일관성을 유지하기 어렵다. 이런 방식은 상대를 추궁할 때 자주 사용된다. 동일한 사실을 반복해서 이야기해달라고 요청하고 미세한 차이를 포착해낸다. 간혹 수사기관에서 조사를 받은 사람들이 "몇 시간 동안 계속 똑같은 것만 묻더라"라고 볼멘소리를 하는 것은 이 때문이다.

상대의 이야기를 들을 때는 상대가 경험한 사실과 '~카더라'처럼 출처 없는 말 또는 다른 사람에게 전해 들은 이야기는 구분해서 들어야 한다. 직접 보고 들은 것이 아닌 다른 사람에게 전해 들은 말을 '전문hearsay'이라고 한다. 예를 들어, 인허가 관련 문서를 직접 봤느냐는 질문에 "인허가 문서를 봤다는 A의 이야기를 듣고 말하는 것이다"라고 대답하는 경우다. 수사를 하다 보면 사기꾼들이 제3자의 말을 근거로 핑계를 대는 경우가 종종 있다. 이건 제3자가 수사받으러 오지 않는 한 진실 여부를 파악할 길이 없다.

또 말이란 옮기면서 내용이 과장·축소되는 등 쉽게 왜곡된다. 그렇기 때문에 다른 사람에게 전해 들은 사실을 옮기는 전문은 증거로서 가치가 낮다. 그래서 수사 현장이나 법정에서도 증거로 거의 인정하지 않는다. 그러니 상대가 직접 보거나 경험한 사실만을 바탕으로 내용의 진위 여부를 판단하는 게 현명한 태도다.

속임수 간파 기술 3 : 과감하게 넘겨짚어라

1987년 1월 15일 중앙일보 신성호 법조 담당 기자는 서울 서소문동 검찰청사에 들어섰다. (중략) 오전 9시 50분, 엘리베이터 10층을 눌렀다. 평소 친하게 지내던 이홍규 대검찰청 공안4과장과 차나 한잔할 요량으로 방문을 했다.

"경찰들, 큰일 났어."

소파에 앉자마자 이 과장이 말을 꺼냈다. 법조 출입 6년 차였던 신 기자는 그의 목소리에서 뭔가 심상치 않은 일이 벌어졌음을 직감했다. 신 기자는 단도직입적으로 물어봤다가 일을 그르칠 수 있다는 생각에 마치 다 알고 있다는 듯 맞장구를 쳤다.

"그러게 말입니다. 요즘 경찰들 너무 기세등등했어요."

"그 친구, 대학생이라지? 서울대생이라며."

(중략) 추가 취재를 통해 이름과 학과를 확인했다. (중략) '박종철 고문 치사 사건'이 특종 보도되는 순간이었다[40].

위 이야기는 중앙일보 신성호 기자가 1987년 민주화 항쟁의 도화선이 되었던 고故 박종철 치사 사건을 보도한 후일담이다. 영화 〈1987〉에 나온 장면이기도 하다. 2012년에는 25년 만에 기자에게 제보한 내부 고발자도 밝혀졌다. 대부분 내부 고발자가 누구인가에 관심이 쏠렸지만, 나는 이 사건을 보며 당시 신 기자가 어떻게 내부 고발자의 입을 열게 만들었느냐에 더 큰 관심이 갔다.

대개 사기꾼의 거짓말은 현란한 말솜씨를 동반한 적극적인 설명으로 이뤄진다. 하지만 항상 그렇지만은 않다. 오히려 현실을 파악하는 데 중요한 정보를 일부러 빼먹거나 알려주지 않는 경우가 더 많다. 이건 기자와 취재원의 관계에서도 비슷하다. 사회 비리나 문제점을 주로 파헤치는 기자가 질문하면, 취재원은 자신이나 자신이 속한 조직을 보호하기 위해 대답을 꺼린다. 부정적인 내용은 다 빼고 대답하는 일도 있다.

우리는 적극적으로 사실과 다른 이야기를 말하는 경우만 거짓말이라고 생각하는 경향이 있다. 하지만 실제 거짓말을 할 때는 필수적으로 알아야 할 핵심 부분을 빼고 말하는 경우가 더 많다. 나중에 이 사실을 알게 되어 '중요 부분에 대한 설명'이 빠졌다고 항의하면 상대방은 이미 알고 있는 줄 알아서 따로 설명하지 않았다고 변명한다.

보험업계의 설명 방식이 대표적이다. 월 20만 원을 넣는 10년 만기 저축보험에 가입한다고 가정해보자. 설계사의 설명에 따르면 공시 이율은 6%이고 10년이 지나면 비과세 혜택을 받을 수 있다. 이 경우 사람들은 정기 적금처럼 원금 20만 원에 대한 이자가 6%일 것이라고 생각한다. 하지만 이는 사실과 다르다. 보험업계의 계산법에 따르면 매월 납입금 20만 원 중 각종 사업비(해마다 사업비는 다르지만 최초에는 대개 원금의 20%가 될 정도로 크다)를 제외한 나머지 금액을 원금으로 본다. 사업비가 10%라고 가정했을 때 18만 원이 원금이 되는 셈이다. 그러니 20만 원이 아닌 18만 원의 6%를 이자로 본다.

하지만 설계사들은 이런 사실을 묻지 않는 이상 먼저 설명하지 않는다. 오직 수익률이 6% 난다는 이야기만 형광펜을 그어가면서 강조한다. 물론 약관에 이 내용이 깨알 같은 글자로 적혀 있지만 꼼꼼히 읽어보는 사람은 드물다. 2011년 소비자원 조사도 같은 결과를 보여준다. 조사 결과에 따르면 소비자 대부분이 납입 원금에서 위험보험료와 사업비 등을 공제한 '순적립보험료'만을 투자한다는 사실을 모른다. 그렇기 때문에 연 6% 투자 수익을 꾸준히 올려도 보험 가입 후 7~8년 되어야만 원금을 찾을 수 있다는 사실도 모를 수밖에 없다.

상대가 이처럼 중요한 정보를 빼고 이야기하는지 여부를 어떻게 알아낼 수 있을까? 답을 말하기에 앞서 기억해야 할 점은 '거짓말로 파생된 감정'이다. 거짓말은 참말에 비해 죄책감, 발각에 대한 두려움, 속이는 즐거움을 낳는다고 설명했다. 상대가 거짓말을 하는지 알아내기 위해서는 죄책감과 발각에 대한 두려움이라는 두 가지 감정을 증폭시켜야 한다. 그중 죄책감은 상대방과의 관계가 좋을수록 높아진다. 모르는 사람보다 잘 아는 사람에게 거짓을 말하기 어려운 이유도 죄책감 때문이다.

하지만 관계는 이미 정립된 경우가 많기 때문에 상황에 따라 쉽게 증폭하기 어렵다. 반면 발각에 대한 두려움은 그렇지 않다. 발각에 대한 두려움을 키우기 위한 대표적인 방법은 일명 '넘겨짚기'다. 넘겨짚기는 상대가 숨기는 내용을 이미 알고 있거나 거짓말을 잘 탐지한다는 암시를 준 후 애매하게 질문하는 방식이다. 사이비 무속인이나 역술인이 상대의 욕구를 알기 위해 사용하는 방법과 비슷하다. 『서유기』에서 삼장법사가 손오공에게 "네가 아무리 날고 기는 재주가 있어도 부처님 손바닥 안이다"라고 말하는 것처럼, 네가 아무리 속이려고 해도 나는 진실을 알고 있다는 암시를 준다.

삼장법사처럼 되기 위해서 꼭 도를 닦을 필요는 없다. 해당 분야에 경험과 지식이 많다는 '뉘앙스'만 풍기면 된다. 또는 거짓말이 발각되었을 때 가혹한 처벌이나 대가를 치를 수 있다는 사실을 알려주는 것도 효과적이다. 이렇게 되면 상대는 거짓말을 하면 큰일 나겠구나, 하는 두려움을 가지기 쉽다.

이런 상태에서 뭔가 아는 듯한 뉘앙스를 풍기는 애매한 질문을 한다. 예를 들어, 아들이 독서실 간다고 하고 PC방에 갔다고 가정해보자. 집으로 돌아온 아들에게 어머니는 약간 의심스러운 눈초리로 "정말('정말'이라는 단어를 강조하면서) 독서실 갔다 왔니?"라고 물어보면 된다. 만약 독서실에서 공부했다면 금방 당당하게 대답하겠지만, 그렇지 않다면 아들은 대답을 약간 머뭇거리거나 눈빛이 흔들릴 것이다.

업무를 잘 아는 상사도 비슷하다. 잘못을 숨긴 상태에서 잘된 사실만 보고할 경우에 상사가 "정말 빠짐없이 다 보고한 게 맞나요?", "확실한가요?"라고 물어본다. 부하 직원의 반응도 PC방에 다녀온 아들과 비슷할 것이다. 이때 질문을 한 다음 상대의 얼굴 표정과 몸짓의 변화를 관찰하기 위해 유심히 살펴봐야 한다.

고수는 사기꾼이 스스로 실토하게 만든다

미국의 심리학자 앨버트 머레이비언Albert Mehrabian은 인간이 어떻게 메시지를 전하는지 분석했는데, 그 결과 말(언어)을 사용한 경우는 단 7%에 불과했다. 말을 할 때 어감과 어조 등 목소리가 38%, 제스처와 표정 등 비언어가 55%를 차지한다는 것을 알아냈다. 이를 '머레이비언의 법칙'이라고 한다. 질문만 던지고 상대를 바라보지 않는다면 상대가 전하는 메시지의 55%인 비언어를 놓치는 셈이 된다.

구체적인 사실 관계를 모르는 상태에서 그냥 떠보기 위한 질문이라는 것을 알지 못하는 상대는 '뭔가 알고 질문한 것이 아닌가' 하며 착각하기 쉽다. 앞서 말한 신성호 기자 역시, 이홍규 공안4과장이 "경찰들 큰일 났어"라고 말했을 때 "무슨 큰일이 났어요?"라고 묻지 않았다. 오히려 "그러게 말입니다" 하고 맞장구를 치면서 아는 듯한 뉘앙스를 풍겼다. 아마도 당시 이 과장은 신 기자가 다른 취재원을 통해 뭔가 알고 온 것이라고 착각해서 말했을 가능성이 높다.

진정한 고수는 상대를 다그치기보다는 스스로 거짓말을 탄로하게 만든다. 그러니 상대방에게 쉽게 속지 않을 사람이라는 인상을 심어주어야 한다. 이런 인상을 주기 위해서는 적절한 질문과 상대를 잘 관찰하는 습관이 필요하다. 그래야만 세상의 속임수에서 스스로를 지켜낼 수 있다.

어릴 때 세상에는 전래 동화 속 등장인물처럼 두 가지 종류의 사람만 있다고 믿었다. 좋은 사람, 나쁜 사람. 그래서 항상 부모님께 "저 사람은 좋은 사람이에요, 나쁜 사람이에요?"라고 묻곤 했다.

부끄러운 고백이지만 지금까지 살면서 좋은(?) 사람들에게 꽤 여러 번 속아왔다. 순진하던 20대 시절, 무료 경품이라는 거짓말에 몇 번이나 속았다. 고가의 엉터리 자격증 교재를 구입하거나 유난히 잘해주는 선배를 따라 다단계 업체나 사이비 종교 집회에 가본 적이 있다. 이렇게 몇 번의 경험을 통해 배운 것은 세상에는 절대적으로 좋은 사람도, 나쁜 사람도 없다는 사실이다.

영화 〈신과 함께 2〉에는 이런 대사가 나온다.

"나쁜 사람은 없다. 나쁜 상황만 있는 거지."

가만 보면 사기꾼은 마술사와 닮았다. 화려한 말과 몸짓으로 시선을 흩트리고 진실을 감춘다. 사기꾼 역시 평범한 이들이 '나쁜 상황'을 못 보게 만든다. 재산이나 소중한 것을 잃은 뒤에는 대부분 착각에서 깨어나지만, 어떤 속임수는 누군가를 평생 동안 착각에 빠지게 한다. 또 마술은 그 비밀을 알면 전에 느꼈던 신비감이 금세 사라지는데, 이는 사기도 마찬가지다. 사기꾼의 실체를 깨닫는 순간 피해자는 진실에 눈을 뜬다.

언론은 속임수 수법이 나날이 진화하고 있다고 말한다. 물론 보이스 피싱처럼 갈수록 더 교묘해지는 사기 수법도 있다. 하지만 지난 25년간 현장에서 경험해보니, 모든 속임수 뒤에는 공통점이 하나 있었다. '욕망', '신뢰', '불안'이라는 심리를 악용하는 속임수의 본질을 제대로 파악하지 못했다는 점이다. 이는 지난 100년 동안 일어난 유명한 사기 사건을 찾아봐도 마찬가지였다.

이 책을 통해 속임수 뒤에 숨은 인간 심리와 이를 이용한 사기꾼들의 전략을 알게 된다면, 그들이 말하지 않는 진실이 더욱 명백하게 보일 것이다.

마지막으로 곁에서 항상 격려와 응원을 아끼지 않는 가족들에게 감사하다는 말을 전하고 싶다.

참고 문헌

1) 대법원 1992. 9. 14. 선고 91도2994 판결

2) Richard M. Titus, Fred Hinselmann, John M. Boyle, "Victimization of Persons by Fraud", Crime & Delinquency. Vol 41. No. 1. (Jan 1995), p. 66

3) 「저널리즘 비평」 제30권(2000. 4) 62쪽, "투기와 무책임의 만남: 언론의 증권보도"(장하용)

4) Micheal Mauboussine, "What have you learned in the Past 2 Seconds?", Equity Reseach-Americas. Credit Suisse, (March 12, 1997), p. 3

5) 공정거래위원회 2011. 12. 27. 의결 2011전자3035

6) 『문화심리학』(최상진, 김기범 지음, 지식산업사, 2011) 98쪽

7) 『문화심리학』(최상진, 김기범 지음, 지식산업사, 2011) 60쪽

8) Adrian Raine et al., "Increased Executive Functioning, Attention, and Cortical Thickness in White-collar Criminals", Human Brain Mapping. 33 (2012), p.2937~2939

9) Paul J Zak, "How to Run a Con", Psychology Today, (Nov 13. 2008) http://www.psychologytoday.com/blog/the-moral-molecule/200811/how-run-con

10) 『발칙하고 기발한 사기와 위조의 행진』(브라이언 이니스 지음, 이경식 옮김, 휴먼앤북스, 2006) 307~309쪽

11) 공정거래위원회, 다단계 판매업자의 정보 공개에 관한 고시, 2012. 7. 10.

12) 공정거래위원회 2012. 8. 21. 의결 2010서소3561

13) 『머니 앤드 브레인』(제이슨 츠바이크 지음, 이상근 외 1명 옮김, 까치글방, 2007) 108쪽

14) Anthony Cox, Maryanne Fisher. "The Texas Billionaire's Pregnant Bride: An Evolutionary Interpretation of Romance Fiction Titles". Journal of Social, Evolutionary, and Cultural Psychology. Vol. 3 No. 4(2009), pp.386~401

15) Bruce Ellis & Donald Symons, "Sex Differences in Sexual Fantasy: an

Evolutionary Psychological Approach", The Journal of Sex Research, Vol.27 No.4(1990), pp.527~555
16) 대법원 2005. 7. 29. 선고 2004도5868 판결
17) 『If의 심리학』(닐 로즈 지음, 허태균 옮김, 21세기북스, 2008) 84~85쪽
18) 『헬핑』(에드거 샤인 지음, 채서일 옮김, 옥당, 2010) 53쪽
19) 『생각에 관한 생각』(대니얼 카너먼 지음, 이진원 옮김, 김영사, 2012) 88~93쪽
20) 한국금융투자자보호재단(www.invedu.or.kr)
21) 『설득의 심리학 2』(로버트 치알디니 외 2인 공저, 윤미나 옮김, 21세기북스, 2015) 207~208쪽
22) "허본좌, 허경영 씨 징역 1년 6월 확정 판결", 법률신문, 2008. 12. 26. http://www.lawtimes.co.kr/LawNews/News/NewsContents.aspx?serial=44457
23) 「사기 범죄의 실태에 관한 연구」(김준호, 차종천, 김성언 지음, 한국형사정책연구원, 1992) 123쪽
24) 『협박의 심리학』(수잔 포워드 지음, 김경숙 옮김, 서돌, 2008) 22쪽
25) 『협박의 심리학』(수잔 포워드 지음, 김경숙 옮김, 서돌, 2008) 212~221쪽
26) Benedict Carey, "Do you believe in magic?", New York Times. (Jan 23, 2007)
http://www.nytimes.com/2007/01/23/health/psychology/23magic.html?pagewanted=all&_r=0
27) 『죽음의 수용소에서』(빅터 프랭클 지음, 이시형 옮김, 청아출판사, 2005) 73쪽
28) 「개명 허가 기준 완화로 다시 찾은 이름의 봄」(대법원 법원사람들 지음, 2014년 3월호) 4~5쪽
http://www.scourt.go.kr/upload/people/201403-scourt/VIEW.HTM
29) 'MBC 뉴스 방송 방해 소동'(경향신문, 1988. 8. 5.) 11면
30) 서울고등법원 2007. 3. 2. 선고 2006나50620 판결
31) 『소비자 고발 그리고 불편한 진실』(이영돈 지음, 위즈덤하우스, 2008) 312~313쪽
32) 『콜드리딩』(이시이 히로유키 지음, 김윤희 옮김, 웅진윙스, 2006) 72~77쪽

33) 『욕망의 진화』(데이비드 버스 지음, 전중환 옮김, 사이언스북스, 2007) 172~173쪽

34) 『설득의 심리학 2』(로버트 치알디니 외 2인 공저, 윤미나 옮김, 21세기북스, 2015) 177쪽

35) 『이상과열』(로버트 쉴러 지음, 이강국 옮김, 매일경제신문사, 2003) 101~107쪽

36) John Lofland, "Becoming a World-Saver Revisited", American Behavioral Scientist Vol. 20. No. 6(1977). PP.805~818

37) 대법원 1995. 4. 28. 선고 95도250 판결

38) 『협력의 진화』(로버트 액설로드 지음, 이경식 옮김, 시스테마, 2009) 86쪽

39) 『거짓말 잡아내기』(폴 에크먼 지음, 윤영이 옮김, 동인, 1997) 53쪽

40) "신성호 당시 중앙일보 기자가 밝힌 25년 전 그날 취재 과정", 중앙일보, 2012. 7. 18.

http://article.joins.com/news/article/article.asp?total_id=8787684

속임수의 심리학

초판 1쇄 발행 2018년 10월 25일
초판 4쇄 발행 2022년 10월 11일

지은이 김영헌

발행인 이재진 **단행본사업본부장** 신동해
편집장 김예원 **책임편집** 김보람
디자인 최보나 **조판** 데시그
마케팅 최혜진 **홍보** 최새롬
제작 정석훈

브랜드 웅진지식하우스
주소 경기도 파주시 회동길 20
문의전화 031-956-7352 (편집) 031-956-7567 (마케팅)
홈페이지 www.wjbooks.co.kr
페이스북 www.facebook.com/wjbook
포스트 post.naver.com/wj-booking

발행처 ㈜웅진씽크빅
출판신고 1980년 3월 29일 제406-2007-000046호

ISBN 978-89-01-22739-9 03180

웅진지식하우스는 ㈜웅진씽크빅 단행본사업본부의 브랜드입니다.

※ 책값은 뒤표지에 있습니다.
※ 잘못된 책은 구입하신 곳에서 바꿔드립니다.